저성장의 덫, 한국 경제 리셋

저성장의 덫, 한국 경제 리셋

발행일	2025년 9월 19일
지은이	권의종, 박문서
펴낸이	손형국
펴낸곳	(주)북랩
출판등록	2004. 12. 1(제2012-000051호)
주소	서울특별시 금천구 가산디지털 1로 168, 우림라이온스밸리 B동 B111호, B113~115호
홈페이지	www.book.co.kr
전화번호	(02)2026-5777 팩스 (02)3159-9637
ISBN	979-11-7224-858-1 03350(종이책) 979-11-7224-859-8 05750(전자책)

잘못된 책은 구입한 곳에서 교환해드립니다.
이 책은 저작권법에 따라 보호받는 저작물이므로 무단 전재와 복제를 금합니다.
이 책은 (주)북랩이 보유한 리코 장비로 인쇄되었습니다.

작가 연락처 문의 ▶ ask.book.co.kr
전용 게시판에 문의를 남기시면 저자에게 직접 전달됩니다.

(주)북랩 성공출판의 파트너
북랩 홈페이지와 SNS에서 다양한 출판 솔루션을 만나 보세요!

홈페이지 book.co.kr   •   블로그 blog.naver.com/essaybook   •   출판문의 text@book.co.kr
카톡채널 북랩

저성장의 덫,
한국 경제 리셋

권의종, 박문서 지음

북랩

머리말

저성장의 시대, 무엇을 다시 써야 하는가

멈춘 성장, 보이지 않는 위기

한때 '한강의 기적'이라 불렸던 한국 경제의 비약적 성장. 고도성장과 산업화를 통해 세계 10위권의 경제 대국으로 자리매김한 그 역동성은, 오늘날 우리 사회에 깊은 자부심으로 남아 있다. 그러나 이제 우리는 다른 질문 앞에 서 있다.

"성장은 끝났는가, 아니면 우리가 그 의미를 다시 써야 하는가?"

2020년대의 한국은 총체적인 구조 전환의 경로에 접어들었다. 수출의 정체, 고용 없는 성장, 청년실업과 고령화, 수도권 집중과 지역 쇠퇴, 자영업 몰락과 부동산 양극화, 사회갈등의 고착화까지. 겉으로는 성장률이 유지되고 있음에도 불구하고, 사람들은 점점 더 체감경기의 하락, 불안정한 삶, 미래에 대한 막막함을 경험하고 있다.

이것은 단지 경기순환의 저점이 아니다. 이제는 구조적 저성장의 시대다. 기존의 성장 엔진은 낡았고, 자본과 노동, 기술의 조합은 한계에 부딪혔으며, 성장의 과실은 소수에게 집중되고 있다. GDP는 오르는데 국민은 가난해지고, 수치는 좋아지는데 삶은 팍팍해진다. 이 불일치가 곧 이 시대의 본질적 위기다.

더 늦기 전에 우리는 질문을 바꾸어야 한다. "성장률을 어떻게 끌어올릴 것인가"가 아니라, "왜 성장해야 하며, 무엇을 위한 성장인가"를 물어야 할 시점이다. 성장 그 자체가 목적이 될 수 있었던 시대는 지나갔다. 지금은 그 목적을 다시 정의해야 할 때다.

성장의 패러다임을 다시 써야 할 때

지금의 위기는 단지 속도의 문제도, 정책의 미비도 아니다. 전체 시스템이 낡았기 때문이다. 과거 산업화 시대의 성공 공식은 이제 더 이상 작동하지 않는다. 정부 주도의 투자, 제조업 중심의 수출 전략, 경쟁과 속도를 최우선 가치로 여긴 성장 담론은 저성장, 고령화, 기술 대전환, 기후위기라는 복합 전환의 시대 앞에서 무력하다.

무엇보다 문제는 그간의 성장 전략이 사회적 신뢰, 포용, 지속가능성 같은 비가시적 자산을 갈아 넣는 방식으로 진행되었다는 점이다. 정규직과 비정규직, 수도권과 지방, 대기업과 중소기업, 기성세대와 청년 사이의 균열은 심화되었고, 결국 성장이 사회 통합과 연결되지 못한 채 분열을 낳았다.

이제 우리는 패러다임을 바꾸어야 한다. 속도보다 지속가능성, 총량보다 질, 성장률보다 삶의 품질, 경쟁보다 협력, 정부 중심에서 민간 주도로. 더 크고 빠르게가 아니라, 더 오래, 더 함께 가는 성장 모델이 필요하다.

이를 위해 필요한 것은 단지 정책 몇 가지의 보완이 아니다. 국가전략의 총체적 리셋이 필요하다. 성장의 목적, 주체, 방법, 평가 기준까지 전면적으로 재정의하고, 각 영역의 제도를 이에 맞춰 정렬해야 한다. 교육, 노동, 복지, 기업, 기술, 재정, 정치, 행정, 지역 발전 등 모든 시스템을 하나의 통합된 국가전략 아래에서 재설계해야 한다.

새로운 시대, 새로운 전략의 길 위에서

이 책 『저성장의 덫, 한국 경제 리셋』은 이러한 전환기의 문제의식을 바탕으로 기획되었다. 저성장의 현실을 진단하고, 그 뿌리를 해부하며, 새로운 성장의 길을 어떻게 설계할 수 있는지를 구체적으로 제시하려는 시도다.

각 장은 한국 경제의 구조적 병목과 기회의 지점을 동시에 다룬다. 기업의 혁신, 정부의 역할, 노동과 인재의 전환, 미래산업에 대한 투자전략, 정책 실행 시스템, 민간 주도의 성장동력 체계, 신뢰 기반 거버넌스, 삶의 질 중심 지표 체계 등, 한국 경제의 체질을 바꾸기 위한 7개의 축이 이 책을 구성한다.

이 책은 정답을 주기보다, 질문을 바꾸려는 시도다. 우리는 지금 어디로 가고 있으며, 어디로 가야 하는가. 과거의 길로는 돌아갈 수 없다면, 앞으로의 길은 무엇이어야 하는가. 그 길은 누구와 함께 걸어야 하며, 무엇을 위해 존재해야 하는가.

지금은 대안의 시대다. 단기 처방이 아닌, 시스템의 전환. 이해득실의 논리보다 가치의 재정립. 누가 정권을 잡느냐가 아니라, 어떤 방향으로 함께 나아가야 하느냐가 중요하다. 국민의 삶을 중심에 두는 새로운 성장 모델, 그것이 이 책이 꿈꾸는 변화의 시작점이다.

변화는 피할 수 없다. 그러나 전환은 선택할 수 있다. 이 책이 그 선택의 이정표가 되기를, 새로운 시대를 위한 전략의 지도가 되기를 소망한다.

권의종·박문서

목차

머리말 저성장의 시대, 무엇을 다시 써야 하는가   004

PART 1
한국 경제, 성장의 엔진이 멈췄다

01 GDP는 오르는데, 체감경기는 왜 추락하는가   015
02 잠재성장률 1%대, 구조적 위기의 신호   019
03 중산층 붕괴와 소비위축의 악순환   024
04 성장률보다 낮은 생산성 증가율   028
05 혁신 없는 투자, 효율성의 한계   033
06 노동시간은 긴데 성과는 낮은 구조   037
07 대기업 중심의 성장모델, 중소기업의 침식   042
08 분배 없는 성장의 끝   047
09 인구절벽이 불러온 수요의 위축   051
10 부채로 연명하는 경제의 민낯   056

PART 2
저성장의 뿌리, 어디에서 비롯됐나

01 산업구조 고착화와 신성장동력 부재   063
02 규제의 덫에 갇힌 창업과 혁신   068
03 교육과 인재정책의 미스매치   073
04 금융의 생산적 자금 배분 실패   077
05 고령화와 생산가능인구의 급감   081
06 부동산 중심의 부의 축적 구조   085
07 기술 추격에서 기술 선도국으로의 이행 실패   089
08 내수와 수출, 양날의 구조 불균형   094
09 노동시장의 이중 구조와 청년실업   099
10 정치·사회 갈등과 사회자본의 붕괴   103

PART 3 기업, 혁신과 생산성의 재설계

01	대기업-중소기업 간 생산성 격차 해소	111
02	낡은 산업정책에서 미래 산업전략으로	115
03	디지털 전환, 말이 아닌 실행	119
04	유니콘 육성보다 생태계 전반 혁신	123
05	플랫폼 기업 규제와 공정경쟁 질서	127
06	노동시장 유연화와 직무 중심 인사체계	132
07	규제 샌드박스, 왜 효과가 없었나	136
08	글로벌 공급망 전략에 대한 대응	140
09	R&D 투자 구조의 전면 개편	144
10	ESG와 지속 가능한 기업 생태계	148

PART 4 정부의 역할, 성장 촉진자로 거듭나야

01	정부지출 확대, 그 방향이 문제다	155
02	포퓰리즘 복지 대신 생산적 복지	159
03	정책 일관성과 민관 협력체계 구축	163
04	공공부문 개혁, 효율성과 민간유인 강화	167
05	중앙정부-지방정부 간 권한 재조정	171
06	행정 혁신과 디지털 정부로의 전환	175
07	규제 완화, 선언이 아닌 실행	179
08	미래 예산 구조로의 개편	183
09	산업정책 vs 시장의 역할	187
10	기회정부로서의 전환 선언	191

PART 5

**노동과 인재,
성장의
새로운 동력**

01	노동의 질, 어떻게 높일 것인가	199
02	평생학습과 재교육의 국가 시스템	203
03	청년 고용정책의 패러다임 전환	207
04	여성·고령층의 경제참여 확대	211
05	비정규직 문제의 근본 해법	215
06	근로시간 단축과 생산성의 균형	219
07	고용 안정과 유연성의 조화	224
08	공공일자리보다 민간일자리 중심으로	228
09	이민정책, 인구절벽의 전략적 대응	232
10	교육혁신이 인재혁신이다	236

PART 6

**미래를 위한 투자,
어디에 집중할
것인가**

01	인공지능과 빅데이터, 미래산업의 주력화	243
02	반도체 이후, 새로운 수출 동력은 무엇인가	247
03	그린에너지와 탄소중립 산업전환	251
04	바이오·헬스케어 산업 육성 전략	255
05	농업·지역산업의 고부가가치화	259
06	문화콘텐츠 산업의 글로벌화	263
07	인프라 투자, 물적 기반에서 디지털 기반으로	267
08	국부펀드와 전략적 국익 투자	271
09	과학기술기반의 중장기 성장전략	275
10	국방산업과 우주산업, 성장의 숨은 동력	279

PART 7 저성장 탈출을 위한 국가대전략

01	'성장의 목적'을 다시 묻다	287
02	성장과 공정의 균형 있는 재정의	291
03	사회적 자본 회복과 신뢰 기반 재구축	295
04	기회의 사다리 복원, 교육·복지·금융 재설계	299
05	민간 주도의 성장동력 체계 확립	303
06	대타협 기반의 거버넌스 혁신	307
07	성장 패러다임 전환: 속도에서 지속가능성으로	311
08	포용적 성장의 제도화 방안	315
09	성장지표를 넘어선 삶의 질 지표	319
10	대한민국 성장 대전환 로드맵	323

맺는말 덫을 넘어, 전환의 문턱을 넘어서 328

참고문헌 333

PART 1

한국 경제, 성장의 엔진이 멈췄다

한국 경제는 수치상의 성장에도 불구하고
체감 경기 침체, 고용 부진, 저투자 등의 구조적 정체에 직면하고 있다.
민간 활력 저하, 생산성 정체, 수출과 내수의 부조화,
불안정한 금융 구조 등은 경제성장의 내재적 동력을 약화시키고 있다.
현재의 저성장은 일시적 둔화가 아닌 장기 저성장 국면의 경고 신호이며,
구조 전반의 재점검이 필요하다.

01
GDP는 오르는데,
체감경기는 왜 추락하는가

숫자는 오르는데, 삶은 내려간다

"성장률은 올랐다는데 왜 내 삶은 나아지지 않을까?"

이 질문은 오늘날 한국을 살아가는 수많은 국민이 느끼는 경제 현실에 대한 본능적인 의문이다. 한국의 국내총생산(GDP)은 여전히 완만한 상승 곡선을 그리고 있다. 2024년에도 실질 GDP 성장률은 1.4%로 플러스 성장을 기록했다. 정부는 수출 회복, 고용 증가 등을 들어 회복의 조짐을 강조한다.

하지만 대다수 국민의 체감은 다르다. 뉴스 속 수치는 오르는데, 정작 거리의 상가는 문을 닫고, 자영업자는 매달 버티는 게 기적인 양 살아가며, 청년층은 취업이 어려워 '공시(공무원 시험)'나 자격증 취득에 몰리고 있다. 직장인은 임금의 상당 부분을 주거비로 지출하고, 남은 돈으로는 소비를 줄이며 생활한다.

체감경기의 추락은 통계가 놓치는 '삶의 온도'다. 실제로 한국은행의 국민계정 통계를 보면 실질 GDP는 증가하나, 가계의 실질

처분가능소득은 감소세다. 2023년 기준, 가계 실질소득 증가율은 -0.7%로 나타났다. 반면 같은 해 상장 대기업의 영업이익률은 10%를 넘나들며 호황을 누렸다. 이는 경제의 성장이 특정 집단과 산업에만 집중되고 있다는 사실을 보여준다.

또한 자산의 불균형이 체감경기를 왜곡시킨다. 부동산을 보유한 자산가는 자산 가치 상승으로 인해 소비 여력을 유지하거나 확대한 반면, 무주택자나 저소득층은 집값 상승과 임대료 증가로 인해 실질소득이 줄어든다. 결과적으로 국민 절반 이상은 성장의 과실을 체감하지 못하고, 오히려 경제 불안감과 심리적 불만만 높아진다.

고장 난 분배 시스템, 체감의 불균형

GDP는 한 나라의 총생산을 측정하는 지표이나, 소득의 분배 구조나 계층 간 소비력 차이를 보여주지 않는다. 문제는 한국의 분배 구조가 갈수록 왜곡되고 있다는 점이다.

우선 기업과 가계 간 소득 격차가 심화되고 있다. 한국경제연구원의 분석에 따르면, 최근 5년간 기업 이익은 꾸준히 증가한 반면, 가계의 실질 소비는 정체되어 있다. 특히 비정규직·플랫폼 노동자 비중이 늘고, 최저임금 인상이 고용 축소로 이어지면서 소득 양극화는 더욱 심화되고 있다.

중산층의 위기도 심각하다. 통계청이 발표한 '중위소득 기준 중산층 비중'은 2000년대 중반 이후 지속적으로 감소하고 있다. 과거에는 직장을 가지고 꾸준히 저축하면 자산을 축적할 수 있었지만, 이제는 내 집 마련조차 버거운 현실이다. 중산층이 축소되면 소비 여력이 줄고, 이는 경제 전반의 내수 기반을 약화시키는 악순환으로 이어진다.

또 하나의 문제는 세대 간 체감의 차이다. 50대 이상은 자산을 축적한 세대이고, 2030세대는 '헬조선'이라는 단어로 대변되듯 자산 축적 기회조차 얻지 못한다. 취업 문은 좁고, 결혼과 출산은 포기한 채 미래에 대한 기대 자체를 잃은 세대가 지금의 청년들이다.

이러한 분배 구조의 왜곡은 단순한 체감 문제를 넘어 사회 통합과 지속가능성의 위기를 초래한다. 경제가 아무리 성장하더라도, 그 과실이 공유되지 않는다면 국민의 신뢰는 사라지고, 정치·사회적 불안정성이 높아지게 된다.

체감경기를 중심에 둔 경제정책으로 전환하라

지금까지 한국의 경제정책은 GDP 성장률, 수출 증가율, 법인세 인하 효과 같은 거시지표 중심으로 운영되어 왔다. 그러나 이 접근법은 국민 삶의 질과 직접 연결되지 않는 경우가 많다.

이제는 지표 중심의 경제 운용에서 벗어나야 한다. 국민의 실질 생활 수준을 반영하는 체감형 지표를 중심에 두고 정책을 설계해야 한다. 예를 들어, 실질임금 상승률, 중위소득 대비 주거비 비율, 가계부채 상환 부담지수, 청년 고용률, 고용의 질, 중산층 비중 변화 등은 국민 삶을 직접적으로 반영하는 지표들이다.

또한 '누구를 위한 성장인가'에 대한 질문이 정책의 출발점이 되어야 한다. 기업 중심의 지원, 대기업 중심의 산업정책에서 벗어나, 중소기업과 자영업자의 경쟁력 강화, 취약계층의 소비력 회복, 청년층의 미래 불안 해소에 초점을 맞춰야 한다.

경제는 숫자가 아니라 사람이다. 모든 국민이 체감할 수 있는 성장, 즉 포용적 성장 없이는 아무리 성장률을 높여도 그 사회는 지속 가능하지 않다.

따라서 앞으로의 경제정책은 다음 네 가지 전환을 추구해야 한다.

첫째, GDP보다 삶의 질을 중시하는 지표로의 이동. 둘째, 분배 구조의 개선과 중산층 회복 중심 정책. 셋째, 청년과 취약계층의 미래 가능성 확장. 넷째, '체감 경제' 중심의 정책 설계 및 피드백 시스템 구축이다.

한국 경제는 단지 숫자가 부족한 것이 아니라, 방향을 잃었다. 성장률은 플러스를 기록해도, 국민의 삶이 마이너스라면 그것은 실패한 성장이다. 이제는 체감하는 국민의 목소리를 중심에 놓고, 진짜 경제를 다시 설계해야 할 때다.

02
잠재성장률 1%대,
구조적 위기의 신호

'성장의 체력'이 줄어들고 있다

성장률이 낮아졌다고 말할 때, 우리는 종종 경기 순환적 측면을 떠올린다. 수출 부진이나 투자 위축, 소비 둔화 등의 일시적 변수 탓으로 돌리는 것이다. 그러나 지금 한국 경제가 맞닥뜨린 성장률 저하는 그런 단기적 사이클과는 차원이 다르다.

문제는 한국의 '잠재성장률'이 구조적으로 하락하고 있다는 점이다. 잠재성장률은 한 나라가 인플레이션을 유발하지 않고 달성할 수 있는 최대 성장률로, 일종의 경제 체력을 의미한다. 한국은행은 2025년 현재 한국의 잠재성장률을 1.9%로 추정하고 있으며, 향후 1%대 초중반으로 떨어질 것으로 보고 있다.

이 수치는 과거 한국 경제의 위상과 비교하면 충격적이다. 1990년대 초중반까지만 해도 6~7%대에 달하던 잠재성장률이, 2010년대 중반에는 3%대로, 2016~2020년 중반 2% 수준에서 지속적으로 하락해온 추세의 연장이다. 이대로 가면 2030년 초중반에는

1%대 초중반, 2040년대 후반에는 0%대, 장기적으로는 역성장 가능성까지 전망되고 있다.

잠재성장률이 하락했다는 것은 단순히 '요즘 경기가 나쁘다'는 것이 아니라, 경제의 구조적 한계가 고착화되었음을 의미한다. 경기 부양책으로 일시적인 반등은 가능하더라도, 장기적 경제 역량 자체가 줄어든 셈이다. 이는 국가 정책의 전면적 점검을 요구하는 문제다.

무엇이 성장의 바닥을 깎아내렸나

잠재성장률은 크게 세 가지 요소, 즉 노동투입, 자본투입, 총요소생산성(TFP) 향상에 의해 결정된다. 이 세 가지가 동시에 또는 교차적으로 약화되면 성장의 하방 압력이 구조화된다. 지금 한국은 그 모든 항목에서 후퇴하고 있다.

첫째, 노동투입의 감소다. 한국은 세계에서 가장 빠르게 고령화가 진행되는 나라다. 생산가능인구는 2017년을 정점으로 줄어들고 있으며, 2024년 기준 전체 인구 중 65세 이상 고령자 비율은 20.0%에 이르렀다. 노동력이 줄어들면 당연히 경제성장률도 떨어진다. 그런데 청년실업, 여성의 낮은 경제활동 참가율, 경직된 노동시장 등 구조적 제약은 노동의 질마저 낮추고 있다.

둘째, 자본투입의 한계다. 기업의 설비투자는 장기 정체 상태다. 신규 투자가 적고, 기존 자본의 생산성도 낮아졌다. 특히 중소기업의 투자 여력은 심각하게 줄어들었고, 정부는 단기적 부양책으로 재정지출을 늘렸으나 민간의 투자심리를 되살리진 못했다. 금융 역시 생산적 투자보다 부동산, 가계대출로 자금이 쏠리며 자본투입의 질을 떨어뜨리고 있다.

셋째, 총요소생산성(TFP)의 둔화다. TFP는 노동과 자본 외에 기술혁신, 경영 효율, 제도적 개선 등으로 생산성이 얼마나 향상되는지를 의미한다. 그러나 한국의 TFP는 2010년 이후 정체 상태다. 연구개발(R&D) 투자는 세계 최고 수준이나, 그 결과가 실제 산업의 부가가치로 이어지지 못하고 있다. 이는 혁신의 구조적 연결망이 끊겼거나, 제도와 시장이 기술의 확산을 따라가지 못하고 있다는 신호다.

이 세 가지 요소가 동시에 약화되면서, 한국 경제의 잠재적 성장 동력은 줄어들 수밖에 없다. 그동안 한국은 외부 충격에 강한 회복력을 보여왔지만, 이제는 충격을 흡수할 여력마저 줄어든 상태다.

지속 가능한 성장으로의 대전환이 필요하다

잠재성장률 하락은 단순한 통계 수치의 문제가 아니다. 그것은 우리 사회가 더는 과거와 같은 방식으로는 미래를 열 수 없다는 구조적 경고이자, 근본적 전환의 시급성을 알리는 신호다.

첫째, 노동시장 구조개혁이 절실하다. 고령화로 노동 공급이 줄어드는 현실을 감안할 때, 여성과 청년층, 고령자의 노동시장 참여를 유도해야 한다. 이를 위해서는 유연하고 안정된 고용 시스템, 직무 중심의 임금 체계, 평생학습과 재교육 시스템이 필수적이다.

둘째, 기술혁신의 생산성 연결이 중요하다. 연구개발 투자만으로는 부족하다. 혁신이 산업구조의 재편, 고용 창출, 수출 경쟁력 향상으로 이어져야 한다. 이를 위해서는 대학-기업-정부의 유기적 혁신 생태계 구축, 실패에 대한 관용, 규제혁신 등이 병행되어야 한다.

셋째, 인구정책의 전략화가 필요하다. 출산율 제고도 중요하지만, 그 효과는 수십 년이 걸린다. 지금 필요한 것은 인구 구조 변화에 대응할 이민정책, 스마트 복지정책, 도시 재설계 같은 구조적 적응 전략이다. 단기적 대응이 아닌 중장기적 인구전략이 뒷받침되어야 한다.

넷째, 자본의 생산적 재배분이 관건이다. 금융의 역할이 중요하다. 가계부채와 부동산에 치우친 자금을 기술창업, 중소기업, 사회 인프라, ESG 분야로 유도하려면 정책금융과 규제 재설계가 병행되어야 한다.

다섯째, 정부 정책의 일관성과 신뢰 회복이 필수다. 잦은 정책 변경, 정치적 이벤트 중심의 결정, 정권마다 다른 전략은 민간의 예측 가능성을 떨어뜨린다. 경제정책은 단기성과가 아니라 '일관된 성장 구조 설계'에 초점을 맞춰야 한다.

결국, 저성장의 늪에서 벗어나기 위해서는 '지속 가능한 성장'으로의 대전환이 필요하다. 그것은 속도를 높이는 것이 아니라 방향을 바꾸는 것이다.

중산층 붕괴와
소비위축의 악순환

중산층의 후퇴는 경제 기반의 침식이다

중산층은 한 국가의 경제를 지탱하는 핵심 기반이다. 그들은 생산과 소비, 저축과 투자의 주체이며, 사회적 통합과 정치적 안정의 중심축이다. 그러나 지금 한국 사회에서 중산층은 점점 줄어들고 있으며, 이로 인한 경제적 악영향이 본격화되고 있다.

통계청에 따르면 중위소득의 50~150%에 해당하는 가구를 '중산층'으로 정의할 때, 한국의 중산층 비율은 2010년대 초반 70%대를 유지하다가 최근에는 60%대 초반까지 떨어졌다. 특히 수도권의 무주택 가구와 청년세대를 중심으로 중산층 이탈이 가속화되고 있다.

이러한 현상은 단순한 소득 정체나 일시적 불황 때문만은 아니다. 주거비, 교육비, 양육비 등 필수지출 항목이 지속적으로 늘어난 반면, 실질소득은 정체하거나 감소했기 때문이다. 특히 부동산 가격 급등은 중산층의 자산 형성을 가로막는 가장 강력한 장벽이 되었다.

게다가 고용 구조가 불안정해지면서 중산층의 미래 전망은 더욱 어두워졌다. 정규직 비중은 줄고, 비정규직·프리랜서·플랫폼 노동자가 증가하면서, 안정적 소득이 아닌 유동적 수입에 의존하는 계층이 늘고 있다. 중산층이 '흔들리는 계층'이 되면서 소비 여력도 함께 위축된다.

결국 중산층의 후퇴는 소비 위축, 내수 침체, 투자 부진, 일자리 축소로 이어지는 악순환의 시발점이 된다. 경제는 성장을 지속하려면 중산층이 안정되어야 하고, 중산층이 확대되어야 내수가 살아난다. 이 단순한 명제가 지금 무너지고 있는 것이다.

소비 없는 성장은 허상이다

내수는 단순히 소비의 총합이 아니다. 그것은 국민 다수의 심리, 소득, 기대가 복합적으로 작용한 결과다. 그런데 중산층이 붕괴되면 이 내수 기반은 빠르게 약해진다.

한국 경제의 소비율은 GDP 대비 약 48~49% 수준으로, 주요 선진국에 비해 낮은 편이다. 미국은 68%, 일본은 58% 수준이며, 독일도 53% 이상이다. 이는 한국 경제가 여전히 수출 주도형 구조에 갇혀 있으며, 내수의 역할이 충분히 작동하지 못하고 있음을 보여준다.

그 원인은 바로 중산층의 소비 여력 약화다. 과거 중산층은 자녀 교육, 자동차 구입, 여행, 문화 활동 등에 일정한 소비를 해왔다. 그러나 이제는 미래에 대한 불안으로 소비를 줄이고, 저축이나 투자보다는 현금 유동성을 확보하는 데 집중한다. 소비심리는 위축되고, 기업은 내수시장에 대한 확신을 잃는다.

이런 흐름은 코로나19 이후 더욱 심화되었다. 자영업자 매출은 급감했고, 고정비용 부담은 커졌다. 팬데믹이 끝난 이후에도 소비는 빠르게 회복되지 않고 있다. 이유는 단순하다. 돈이 없거나, 불안하거나, 둘 다이기 때문이다.

기업 입장에서 내수 부진은 곧 투자 축소로 이어진다. 생산설비를 늘리기보다는 해외 생산으로 눈을 돌리게 되고, 일자리는 줄고, 실질임금은 정체되며, 소비는 다시 위축된다. 이것이 바로 중산층 붕괴에서 시작된 경제 전반의 피로 구조, 곧 소비 없는 성장의 허상이다.

성장은 있지만 활력이 없다. 성장이 있지만 체감이 없다. 그 원인은, 소비할 힘과 여유를 가진 사람들이 줄어들고 있기 때문이다.

중산층 회복 없이는 경제도 없다

한국 사회는 너무 오래 '분배보다 성장'이 우선이라는 믿음을 가

겨왔다. 하지만 이제는 그 역설에 직면하고 있다. 성장만으로는 중산층을 회복할 수 없고, 중산층 없이는 성장 자체가 불가능해진 시대가 도래한 것이다.

중산층의 회복은 복지 확대나 일시적 지원만으로 이뤄지지 않는다. 구조적 접근이 필요하다. 우선, 주거 안정이 핵심이다. 내 집 마련은 더 이상 중산층의 상징이 아니라 절망의 시작이 되어서는 안 된다. 주거 사다리 회복 없이는 중산층의 자산 형성은 불가능하다.

또한, 교육비 부담 완화가 절실하다. 교육비 과중은 중산층의 소비 여력을 갉아먹는 가장 큰 항목 중 하나다. 사교육 의존을 낮추고 공교육의 신뢰를 회복해야 한다.

일자리의 질 향상도 중요한 요소다. 단기 고용이나 불안정한 플랫폼 노동으로는 중산층 진입이 어렵다. 정규직과 비정규직의 이중 구조를 완화하고, 안정적인 일자리를 통한 지속 가능한 소득 기반을 마련해야 한다.

무엇보다, 정책 설계의 중심에 중산층을 두는 발상의 전환이 필요하다. 지금까지의 정책이 저소득층 보호와 고소득층 유인에 집중되었다면, 이제는 그 사이에서 무너져가는 중간지대를 다시 살리는 전략이 시급하다.

중산층 회복은 단순한 분배정책이 아니라, 국가 경제의 재건축 전략이다. 내수를 살리고, 소비를 확대하고, 투자와 생산의 선순환을 만들기 위해 중산층이라는 토대부터 다시 다져야 한다.

생장률보다 낮은
생산성 증가율

일은 많은데 왜 결과는 부진한가

한국은 세계에서 손꼽히는 '장시간 노동국'이다. OECD 통계에 따르면 한국의 연간 평균 근로시간은 2023년 기준 약 1,900시간 수준으로, OECD 평균보다 약 200시간 이상 길다. 그런데도 생산성은 낮다. 노동시간이 긴데도 효율은 떨어지고, 투입 대비 산출이 기대에 못 미친다.

이는 단순히 '열심히 일하지만 성과가 없다'는 문제가 아니다. 오히려 '낡은 방식으로 일하고 있다'는 경고다. 한국의 전산업 노동생산성은 2023년 기준 OECD 평균의 70% 수준에 그치고 있으며, 특히 서비스업의 생산성은 평균의 절반에도 못 미친다.

가장 심각한 문제는 생산성 증가율이 경제성장률보다 낮아지고 있다는 점이다. 보통 경제가 성숙기에 접어들면 생산성 향상으로 성장률을 보완해야 한다. 하지만 한국은 성장률도 낮고, 생산성 향상도 정체되어 있다. 즉, 이중의 부담이 덮쳐오는 셈이다.

특히 중소기업과 자영업 부문의 생산성 격차는 심각하다. 대기업과 중소기업 간 노동생산성은 2배 이상 차이가 나며, 자영업자의 생산성은 제조업 평균의 40% 수준에 불과하다. 이처럼 구조적으로 비효율적인 산업구조가 한국 경제의 발목을 잡고 있다.

혁신의 정체, 구조의 고착

생산성은 단순히 개인의 능력이나 근무태도로 결정되지 않는다. 오히려 그것은 조직의 혁신, 산업구조의 유연성, 제도의 합리성이 결정한다. 그런데 한국 사회는 이 세 가지 모두에서 걸림돌을 안고 있다.

첫째, 디지털 전환의 속도는 빠르지만 깊이는 얕다. 기업들은 앞다투어 AI, 클라우드, 자동화 시스템을 도입하고 있으나 실제 업무 프로세스 개선이나 조직 운영 방식까지 변화한 곳은 드물다. 기술은 도입되었지만, 문화와 제도는 그대로다. 이른바 '디지털 형식주의'가 판치고 있는 셈이다.

둘째, 고용과 인사의 구조적 경직성이 생산성 저하를 부추긴다. 연공서열 중심의 임금체계, 직무 전환이 어려운 조직문화, 정규직-비정규직 간 이중 구조는 인재의 역량 발휘를 막는다. 창의성과 융합능력이 중요한 시대에 여전히 규격화된 인력이 요구되고 있다.

셋째, 산업구조의 고착이 문제다. 수출 대기업과 부동산·건설 중심의 산업구조는 빠르게 변화하는 세계 시장과 기술환경에 뒤처지고 있다. 반면 소프트웨어, 콘텐츠, 바이오 등 신산업은 여전히 제도적 지원과 규제 개혁의 사각지대에 놓여 있다.

넷째, 교육 시스템의 미스매치도 생산성의 걸림돌이다. 고학력 청년들이 넘쳐나지만, 기업은 여전히 '쓸 만한 인재가 없다'고 말한다. 이는 교육과 산업현장 간의 단절, 직업교육과 실무 능력의 괴리에서 비롯된 구조적 문제다.

결국 생산성 향상은 '기술 투입'보다 '제도 혁신'에 달려 있다. 낡은 방식으로 일하면서 새로운 성과를 기대할 수는 없다. 한국은 지금 혁신을 가장한 반복, 변화 없는 디지털화, 구조의 고착이라는 세 겹의 틀에 갇혀 있다.

생산성 혁신 없이는 미래도 없다

한국 경제가 다시 성장궤도에 오르기 위해서는 무엇보다 전 산업의 생산성 향상이 핵심 과제가 되어야 한다. 단기적 경기 부양이나 예산 확대보다 생산성 구조의 혁신이 더 중요하다.

첫째, 서비스업의 생산성 제고가 시급하다. 한국의 서비스업은 전체 고용의 70% 이상을 차지하지만, 부가가치 비중은 낮고 기술 도입도 미진하다. 특히 의료, 교육, 법률 등 공공적 성격이 강한 분야는 규제 완화와 질적 향상이 병행되어야 한다.

둘째, 중소기업과 자영업의 생산성 개선이 필요하다. 이를 위해선 단순 지원금이 아닌, 경영 혁신, 기술 도입, 인력 양성에 대한 체계적 지원이 필요하다. '지원'보다 '전환'을 이끄는 정책이 핵심이다.

셋째, 직무 중심의 노동시장 구조 개편이 불가피하다. 유연한 인사체계와 합리적 임금시스템이 갖춰져야 인재의 효율적 배분이 가능해진다. 정년 중심의 고용 관행도 변화해야 한다.

넷째, 디지털 기술의 내재화가 중요하다. 단순한 시스템 도입이 아닌, 업무 문화와 조직 운영의 재설계가 병행되어야 한다. 정부는 기술 도입을 장려할 뿐 아니라, 중소기업이 이를 활용할 수 있도록 컨설팅과 인재 매칭을 지원해야 한다.

다섯째, 생산성 중심의 평가 시스템이 정착되어야 한다. 정부 예산 집행, 공공기관 성과, 교육정책 등 모든 공공 영역에서도 생산성 지표를 도입하고, 효율성과 효과성을 정기적으로 평가해야 한다.

결국 생산성 향상은 국가의 체질을 바꾸는 일이다. 눈앞의 수치를 높이는 것이 아니라, 지속 가능하고 탄력적인 경제구조로 전환하는 과정이다. 한국은 이제 단순한 양적 성장의 시대를 지나, 질적 전환의 길목에 서 있다.

이 길에서 핵심은 사람 중심의 생산성 혁신이다. 기술과 자본은 도구일 뿐, 결국 생산성을 결정짓는 것은 제도와 문화, 그리고 그것을 운용하는 사람이다. 성장률이 아무리 낮아도 생산성이 살아 있다면 경제는 다시 일어설 수 있다. 그러나 생산성이 죽으면, 숫자는 살아도 경제는 끝난다.

05
혁신 없는 투자, 효율성의 한계

자본은 움직이는데, 경제는 멈췄다

한국 경제에서 자본의 움직임은 활발하다. 재정지출은 해마다 증가하고 있으며, 민간 기업들도 신사업과 인프라 확장에 나선다. 각종 창업 지원, 인공지능·바이오 같은 미래산업 육성, ESG 투자 등에도 막대한 자금이 흘러들고 있다.

그러나 의문이 생긴다. 이 많은 돈은 과연 어디로 흘러갔고, 무엇을 바꾸었는가?

현실은 냉정하다. 투자 대비 성장률은 둔화되었고, 고용창출 효과도 기대에 못 미친다. 수많은 정책 자금이 투입됐지만 '혁신'이라는 이름의 실질적 성과는 제한적이다.

이는 자본이 단지 '투입되었다'는 사실만으로는 부족하다는 점을 보여준다. 투자의 목적이 명확하지 않거나, 구조적 전환과 연결되지 않으면 자금은 소비처럼 흘러가고 만다. 생산성을 끌어올리지 못하는 투자, 구조개혁과 무관한 지출은 장기적 성장을 이끌

수 없다.

　IMF는 최근 보고서에서 "한국은 물리적 자본 축적의 단계는 이미 지났으며, 이제는 질 높은 자본 배분과 생산성 중심의 투자가 핵심"이라고 지적했다. 그만큼 '어디에, 어떻게' 쓰느냐가 중요한 시대가 되었다는 것이다.

효율을 갉아먹는 투자 구조

　한국의 공공과 민간 투자 모두에서 나타나는 문제는 '양은 많고 질은 부족하다'는 역설이다. 정부의 정책자금은 연간 수십조 원 수준에 달하고, 벤처캐피탈과 스타트업 투자는 사상 최대치를 기록한 적도 있다. 하지만 그에 비례한 '혁신의 결과물'은 잘 보이지 않는다.

　왜 이런 현상이 반복되는 걸까? 첫째, 투자의 선정 기준이 불명확하거나 형식적이다. 정부는 지역 안배, 부처별 예산 소진, 정치적 고려에 따라 투자처를 결정하는 경우가 많다. '선심성 예산'은 지속가능성이 낮고, 민간의 연쇄적 투자를 이끌어내지도 못한다.

　둘째, 성과 평가와 피드백이 미흡하다. 많은 창업 지원 사업이나 R&D 프로젝트가 단기성과 중심으로 설계되며, 실패에 대한 학습이나 전략적 축적이 이뤄지지 않는다. 프로젝트는 많지만 '자산화'

된 지식이나 시스템은 적다.

셋째, 기술보다 안전한 분야에 쏠리는 경향이다. 특히 민간 자금은 여전히 부동산과 인프라, 수익률이 검증된 영역으로 집중되고 있다. 창의적이고 모험적인 투자보다는 규제 프리미엄이 보장되는 산업에 몰리는 구조다.

넷째, 금융시스템의 보수성이 문제다. 기술 기반 스타트업이나 중소 혁신기업은 은행 대출조차 어렵다. 담보 중심 대출 관행, 신용 평가의 경직성, 리스크 분산 시스템의 부재는 자본의 '선택과 집중'을 막고 있다.

결과적으로, 한국의 투자 시스템은 자본을 '공급'하는 데는 성공했으나, 그 자본이 혁신과 연결되는 구조 설계에는 실패한 것이다. 돈은 흘렀지만, 미래는 열리지 않았다.

전환을 위한 투자, 선택과 집중이 필요하다

이제는 '얼마나 투자하느냐'보다 '어디에, 어떻게' 투자하느냐가 중요한 시대다. 성장률이 낮아진 지금, 비효율적 자본 배분은 단지 낭비를 넘어서 구조적 손실을 유발한다. 따라서 다음과 같은 전략 전환이 필요하다.

첫째, 전략산업 중심의 집중 투자가 이뤄져야 한다. 반도체, 배터리, 인공지능, 바이오헬스 등 국가의 핵심 산업군에 대한 중장기 투자 로드맵이 필요하다. 연간 예산 단위가 아니라 산업 수명 주기에 맞춘 10년 단위의 장기 재정·금융 계획이 뒷받침되어야 한다.

둘째, 민간의 자본이 혁신으로 유입되는 구조를 만들어야 한다. 세제 인센티브, 정책보증, 기술기반 담보제도 등 민간 자본이 '안전하게 모험'할 수 있는 시스템이 필요하다. 실패의 책임만 민간에 돌리는 방식으로는 창조적 투자 생태계가 형성될 수 없다.

셋째, 공공투자의 체질 전환이 요구된다. 공공 자금은 단순한 '보조금'이 아니라 민간의 투자 유인을 이끌어내는 마중물이어야 한다. '대규모 사업'보다 '성과 중심 소형 프로젝트' 중심으로 전환하고, 정책 목적과 시장 논리가 충돌하지 않도록 설계해야 한다.

넷째, 지방과의 연계를 강화해야 한다. 지역별로 특화된 산업 생태계와 연계된 투자전략이 필요하다. 모든 지역에 모든 것을 공급하는 방식이 아니라, 지역의 자생적 성장동력을 끌어올리는 선택적 지원이 핵심이다.

다섯째, 정책성과의 실시간 피드백과 실패 관리체계 도입이 절실하다. 실패를 인정하고 교훈을 수집하는 메커니즘이 필요하다. 예산을 쓴 것보다 무엇을 배웠는가를 따져야 하고, 이 배움이 정책 설계와 민간 투자로 되돌아오는 구조를 갖춰야 한다.

이러한 구조적 전환 없이는 한국의 투자는 계속해서 '허공에 쏘는 물총'에 그칠 것이다. 투자가 성과로, 성과가 성장으로 이어지지 않는 한, 아무리 많은 자본을 풀어도 경제는 움직이지 않는다.

06
노동시간은 긴데
성과는 낮은 구조

오래 일하지만 효율은 낮은 나라

한국은 여전히 세계에서 가장 일을 많이 하는 나라 중 하나다. 2023년 기준으로 한국인의 연간 평균 노동시간은 약 1,901시간. OECD 평균(1,752시간)을 훨씬 상회하며, 독일(1,349시간), 덴마크(1,368시간) 등과는 큰 격차를 보인다.

그렇다면 한국은 그만큼 성과도 높을까? 전혀 그렇지 않다. 시간당 노동생산성을 보면 한국은 OECD 회원국 중 하위권에 머물고 있으며, 특히 서비스업 부문은 거의 꼴찌 수준이다. 오래 일하지만 덜 벌고, 성과도 낮다. 이 기형적인 구조는 이미 오래전부터 지적되어 왔다.

문제는 개선의 기미가 보이지 않는다는 점이다. 정부는 '근로시간 단축'을 시도하고 있지만, 현장에서는 근무시간 감축이 곧바로 업무강도 증가로 이어지는 악순환이 반복된다. 근무시간은 줄어도 업무처리 방식과 조직문화는 그대로이기 때문이다.

근로자의 피로도는 높고, 삶의 질은 떨어지며, 조직의 성과는 정체된다. 이 구조를 해소하지 않는 한, 어떤 성장이든 한계에 부딪힐 수밖에 없다.

일의 방식, 문화, 제도가 바뀌어야 한다

한국의 낮은 노동생산성은 단순한 개인 역량이나 노력 부족의 문제가 아니다. 오히려 일하는 방식과 제도의 비효율성이 문제의 핵심이다.

첫째, 업무분장의 모호함과 불필요한 보고문화가 심각하다. 많은 조직에서 중복 업무가 발생하고, 실질적 기획보다는 형식적 문서 작성이 강조된다. 보고서, 회의, 결재라는 수직적 절차에 시간이 소모되고, 실제 창의적·전략적 업무에 할애되는 시간은 제한적이다.

둘째, 성과보다 충성 중심의 인사 시스템이 문제다. 여전히 연공서열, 근속연수, 상사 눈치 보기 문화가 우선인 조직에서는 개인의 성과나 효율적 업무 배분이 이뤄지기 어렵다. 탁월한 성과보다 '무난함'이, 개선보다 '현상 유지'가 선택된다.

셋째, 근로시간과 성과의 직접 연결고리가 깨져 있다. 시간제 노동, 탄력근무제, 재택근무와 같은 다양한 노동 방식은 확산되고 있으나, 이를 제대로 측정하고 평가할 수 있는 기준은 부족하다. 생산성과 창의성을 중심으로 한 '결과 중심 근무제'는 여전히 미비하다.

넷째, 서비스업 중심 경제구조의 비효율성도 간과할 수 없다. 한국의 전체 고용 중 약 70%가 서비스업에 종사하고 있으나, 이 부문의 생산성은 매우 낮다. 그 이유는 소규모, 비표준화, 기술 도입의 미진함, 노동집약적 운영 때문이다.

다섯째, 직무와 역량 기반 인재 운영의 부족이다. 직무에 맞는 인재 배치가 아닌, 부서 중심, 직급 중심의 조직 구조는 인력 자원의 활용도를 떨어뜨린다. 전환배치, 유연한 프로젝트 팀 구성 같은 방식이 제한되면서 업무는 비효율적으로 흐른다.

이 모든 요소가 한국의 '오래 일하지만 성과는 낮은' 노동 구조를 만드는 근본적 원인이다.

생산성 중심 노동개혁이 필요하다

지금 한국에 필요한 것은 단순한 '근무시간 단축'이 아니다. 그것은 전제 조건일 뿐이며, 핵심은 생산성 중심의 노동개혁이다. 일하는 시간을 줄이되, 그 시간 안에 성과를 극대화할 수 있는 구조와 문화를 만들어야 한다.

첫째, 일하는 방식의 혁신이 필요하다. 스마트워크 도입, 협업툴 활용, 결과 중심의 평가 체계를 도입해야 한다. 불필요한 회의, 반복적 보고서 작성, 형식적 승인 절차를 줄이고, 민첩한 의사결정과 실질적 기획이 가능한 환경을 조성해야 한다.

둘째, 조직문화의 전환이 중요하다. 수직적 위계보다는 수평적 소통, 연공서열보다는 역량 중심 문화가 정착되어야 한다. 특히 공공부문부터 조직문화 혁신을 주도하고, 민간부문은 이를 벤치마킹할 수 있도록 유도해야 한다.

셋째, 직무 중심의 인사 시스템이 필요하다. 직무 분석을 바탕으로 한 채용, 평가, 보상 체계를 정비하고, 업무 유연성과 전문성을 동시에 보장할 수 있어야 한다. 직무 기반 임금체계와 이동성을 제도화하는 것도 중요한 과제다.

넷째, 노동시장 이중 구조의 해소가 필요하다. 정규직과 비정규직, 대기업과 중소기업 간 근로조건의 격차를 줄이고, 공정한 기회를 통해 인력의 효율적 순환을 유도해야 한다. 노동 유연성은 고용 불안을 뜻하는 것이 아니라, 자원의 효율적 배분이라는 관점에서 접근해야 한다.

다섯째, 교육과 재교육 시스템 강화가 병행되어야 한다. 직무역량 기반의 평생교육 체계를 구축하고, 산업 변화에 따라 일자리를 잃은 이들이 새로운 분야로 이직할 수 있도록 전환 교육을 강화해야 한다.

'일하는 방식'의 전환 없이는 생산성 향상도, 노동시간 단축도,

삶의 질 개선도 불가능하다. 지금의 구조를 유지한 채 시간만 줄이면, 그 부담은 고스란히 노동자에게 전가된다. 결국 불만과 저성과의 악순환만 반복될 뿐이다.

한국 경제의 지속가능성은 '얼마나 오래 일하느냐'가 아니라, '얼마나 효율적으로 일하느냐'에 달려 있다. 지금이 바로 일하는 문화를 바꾸고, 생산성을 중심에 놓는 진정한 노동개혁의 시기다.

대기업 중심의 성장모델, 중소기업의 침식

성장의 빛 아래 드리운 그림자

한국 경제는 대기업 중심의 압축 성장 모델을 통해 세계적인 산업 강국으로 발돋움했다. 조선, 자동차, 반도체, 디스플레이 등 주요 산업에서 글로벌 선두권에 올라섰고, 수출은 국가 경제의 주축이 되었다. 이 모든 성공의 중심에는 '대기업'이 있었다.

하지만 이 빛나는 성공의 이면에는 성장 모델의 편중이라는 심각한 구조적 문제가 자리 잡고 있다. 성장의 열매가 특정 대기업과 산업군에 집중되는 사이, 중소기업과 지역경제는 점차 쇠퇴했다. 협력보다는 수직계열화가 강화되었고, 공정한 거래보다는 단가 후려치기, 납품 구조의 종속성이 고착화되었다.

문제는 단지 양극화에 그치지 않는다. 대기업이 주도하는 산업 구조는 시장의 자생력과 다양성을 떨어뜨리며, 전체 산업 생태계를 취약하게 만든다. 특히 대기업의 투자 축소나 글로벌 경기 둔화가 발생할 경우, 한국 경제는 '중간 허리'가 부실한 탓에 빠르게 흔들린다.

즉, 지금의 성장 모델은 위기를 흡수하지 못하고 증폭시키는 '불균형 구조'다. 중소기업이 제 역할을 하지 못하면 경제 전반의 복원력은 낮아지고, 이는 결국 국가 경쟁력의 약화로 이어진다.

중소기업 생태계, 왜 무너지고 있는가

한국의 전체 기업 중 99%는 중소기업이며, 고용의 80% 이상을 담당하고 있다. 그러나 이들은 대부분 '저부가가치·고경쟁·낮은 수익'의 구조에 갇혀 있다. 그 이유는 단순한 경영 역량 부족이 아니다. 구조적으로 불리한 경제 환경 때문이다.

첫째, 대기업 의존형 구조가 고착되어 있다. 많은 중소기업이 특정 대기업에 매출의 상당 부분을 의존하고 있으며, 거래 조건을 일방적으로 수용할 수밖에 없는 입장이다. 이로 인해 가격 결정권이 약하고, 원가 상승분도 전가하지 못한다.

둘째, 기술 개발과 마케팅 역량이 약화되고 있다. 중소기업은 혁신을 위한 자금과 인력이 부족한 경우가 많다. 여기에 정부 R&D 지원도 단기성과 중심이고, 중복 규제와 절차가 까다로워 실제로 활용하기가 어렵다. 기술을 개발해도 이를 보호하거나 상용화하는 단계에서 대기업에 흡수되거나 모방당하는 사례도 빈번하다.

셋째, 금융 접근성의 차별이 심각하다. 중소기업은 담보나 신용등급이 낮아 시중은행의 문턱을 넘기 어렵다. 그래서 고금리 대출이나 사금융에 의존하기도 하며, 이로 인해 사업 안정성과 지속가능성이 떨어진다.

넷째, 인력난과 인재 유출이 구조화되어 있다. 청년층은 안정성과 복지 수준이 높은 대기업을 선호하며, 중소기업은 인재 유치에서 열세를 면치 못한다. 인력의 질적 불균형은 생산성 저하로 이어지고, 이는 다시 인건비 부담 증가와 수익성 하락으로 이어지는 악순환을 낳는다.

다섯째, 지역 기반 산업의 몰락이다. 수도권에 본사를 둔 대기업과 중앙정부 주도의 정책 편중으로 인해 지역 중소기업은 낙후된 기반시설과 시장 접근성 부족에 시달린다. 지방 제조업의 공동화 현상은 이미 심각한 수준이다.

이처럼 한국의 중소기업은 단순히 '작은 기업'이 아니라, 구조적으로 소외되고 방치된 경제 주체가 되어가고 있다.

중소기업 중심 산업 생태계로 전환하라

이제는 성장의 패러다임 자체를 전환해야 한다. 대기업 중심 모델이 더는 경제 전반을 이끄는 데 한계를 보이고 있으며, '작지만 강한 기업'이 전체 경제의 복원력과 지속가능성을 높이는 열쇠로 부상하고 있다.

첫째, 중소기업에 대한 정책 접근을 '보호'에서 '자립'으로 바꿔야 한다. 단기적 지원금이나 면세 혜택은 생존에는 도움이 되나 혁신과 경쟁력 강화에는 한계가 있다. 대신 기술개발, 마케팅, 해외 진출, 스마트팩토리 등 '성장 인프라' 구축을 지원해야 한다.

둘째, 공정한 시장질서 확립이 핵심이다. 대기업-중소기업 간 불공정 거래를 방지하고, 납품단가 연동제, 기술탈취 방지 제도, 하도급 계약 투명화 같은 제도적 장치를 강화해야 한다. 이는 단순한 보호정책이 아니라, 건강한 시장질서를 위한 기초다.

셋째, 중소기업 맞춤형 금융 생태계를 조성해야 한다. 기술 기반 대출, 매출채권 보험, 정책보증 확대 등을 통해 자금 흐름의 병목을 해소하고, 성장 가능성 중심의 평가 모델로 전환해야 한다. 단순한 신용등급이 아닌 기업의 미래가치에 기반한 접근이 필요하다.

넷째, 중소기업 인재 전략을 국가 차원에서 구축해야 한다. 산학협력, 직무기반 교육, 중소기업 취업 장려 제도 등을 통해 우수 인재가 중소기업으로 진입할 수 있도록 유도해야 한다. 대기업과의 격차를 줄이기 위한 복지·근무환경 개선 지원도 병행되어야 한다.

다섯째, 지역 중소기업과 산업단지를 국가 균형발전의 거점으로 활용해야 한다. 지방거점형 혁신클러스터, 로컬 제조업 고도화, 디지털 전환 지원 등 지역 산업정책을 체계화하고, 수도권 집중 완화와 함께 추진해야 한다.

  궁극적으로 중소기업이 자립하고 혁신할 수 있어야 한국 경제는 복원력을 갖춘 구조로 재편될 수 있다. 단단한 허리 없이 거대한 몸체만 키운 경제는 외부 충격에 속수무책이다.

  이제 한국 경제는 '대기업이 끌고 가는 경제'에서 '중소기업이 함께 지탱하는 경제'로 나아가야 한다. 이것이 저성장의 시대를 극복하는 첫걸음이며, 모두가 함께 성장하는 경제의 실현이다.

08
분배 없는 성장의 끝

성장의 과실, 누구의 몫이 되었는가

한국 경제는 지난 수십 년간 눈부신 성장을 이뤘다. 그러나 그 성과는 모두에게 고루 돌아가지 않았다. '분배 없는 성장', 혹은 '편중된 번영'은 이제 더 이상 이론적 경고가 아니라, 현실의 불균형으로 나타나고 있다.

통계청에 따르면 2024년 기준 상위 20%의 소득은 하위 20%의 6.8배에 이른다. 자산 격차는 더욱 극심하다. 서울 강남 3구 평균 아파트 가격은 20억 원을 넘겼으나, 지방의 절반 이상의 가구는 전세조차 감당하기 어려운 수준이다. 노동시장에서의 양극화는 정규직-비정규직, 대기업-중소기업 간 격차로 고착되었고, 이는 세대 간 빈부 재생산으로 이어지고 있다.

이처럼 경제는 성장했으나 그 혜택은 극소수에게 집중되었다. 사회 구성원의 다수가 성장을 체감하지 못하고, 경제정책에 불신을 갖게 되는 배경이다. '총량'으로 보면 늘어난 것이 맞지만, '누적'

이 아닌 '배분'을 따지면 상황은 전혀 다르다.

결국 지금 한국은 성장은 지속되는데 삶은 고달픈 사회, 지표는 올랐는데 신뢰는 무너진 사회가 되어가고 있다. 이것이 분배 없는 성장이 초래한 첫 번째 균열이다.

불평등은 경제를 무너뜨린다

분배는 단순히 윤리적 문제나 복지의 영역에 머물지 않는다. 그것은 경제의 지속가능성과 효율성에 직결된다.

우선, 소득 불평등은 소비를 위축시킨다. 고소득층은 추가 소득을 저축하거나 자산 투자에 사용하지만, 저소득층은 생계유지에 대부분을 소비한다. 따라서 소득이 상위층에 집중되면 전체 소비는 줄어들고, 내수 기반은 약화된다.

다음으로, 자산 불평등은 기회의 불평등으로 이어진다. 부모 세대의 부가 자녀 세대의 교육, 주거, 직업 선택까지 결정한다. 능력보다 출발선이 중요한 사회는 혁신과 경쟁의 동기를 잃게 만든다. 이는 장기적으로 경제 활력과 사회 이동성을 약화시킨다.

또한, 불평등은 사회 신뢰를 붕괴시킨다. '열심히 하면 나아질 수 있다'는 기대가 무너지고, 공동체에 대한 신뢰와 책임감이 약화된다. 사회갈등과 정치적 양극화는 대부분 경제적 불평등에서 출발한다.

　마지막으로, 경제성장 자체에도 제동이 걸린다. 중산층이 줄어들고 하층민이 확대되면, 국가 경제는 내수·고용·소비·투자의 모든 부문에서 둔화된다. 불평등은 단지 분배의 문제가 아니라, 성장의 지속성 자체를 갉아먹는 구조적 병리다.

　이러한 점에서, '분배 없는 성장'은 단기적으로는 성공처럼 보일 수 있지만, 중장기적으로는 '성장 없는 미래'를 초래하는 역설로 돌아온다.

포용적 성장 없이는 내일이 없다

　이제 한국 경제는 전환의 기로에 서 있다. 성장이 멈춘 것이 아니라, 공정하지 않은 성장이 신뢰를 잃고 스스로 동력을 상실한 것이다. 따라서 해결책도 단순한 경기 부양이나 세금 확대가 아닌, 분배 구조 전반의 재설계여야 한다.

　첫째, 조세 및 재정 시스템의 공정성 확보가 시급하다. 누진적 과세 원칙을 강화하고, 부의 집중에 대한 조세 정의를 확립해야 한다. 특히 자산 보유에 비해 낮은 과세 부담을 지닌 부동산·금융 자산에 대한 세제 개편이 필요하다.

　둘째, 사회안전망의 보편성과 지속성을 강화해야 한다. 복지는 시혜가 아니라 권리이며, 안정적 삶을 위한 기본 기반이다. 실업급여, 기초연금, 건강보험 등 기본 복지를 강화하고, 복지 전달체계의 누수와 비효율을 개선해야 한다.

셋째, 노동시장의 격차 해소가 핵심이다. 동일노동 동일임금 원칙을 제도화하고, 비정규직의 정규직 전환을 유도하며, 중소기업 근로자의 근로조건을 대기업 수준에 근접하게 끌어올릴 수 있도록 지원 체계를 강화해야 한다.

넷째, 청년과 여성, 고령자 등 취약계층의 기회 보장을 강화해야 한다. 이들에게 단순한 '보호'가 아니라 실질적 '참여와 성장의 기회'를 제공해야 한다. 이를 위해 교육, 훈련, 재취업 지원 시스템을 전면 재구성해야 한다.

다섯째, 지역 간 격차를 줄이는 정책이 병행되어야 한다. 수도권과 비수도권 간 격차는 자산 불평등, 교육 기회, 직업 선택에서의 차별로 이어진다. 지역균형발전정책은 경제적 포용성과 직결된다.

결국, 포용적 성장은 선택이 아니라 생존의 조건이다. 모두가 함께 성장하지 않는다면, 그 누구도 오래 성장할 수 없다. 분배를 외면한 채 추구한 성장은 오래가지 못한다.

이제 우리는 질문을 바꿔야 한다. "얼마나 성장했는가?"가 아니라, "누가 함께 성장했는가?"로. 성장은 나눌 때 지속된다. 나눌 수 없다면, 그것은 이미 끝난 성장이다.

09
인구절벽이 불러온
수요의 위축

수요 없는 경제, 성장은 멈춘다

경제성장의 핵심 동력 중 하나는 '수요'다. 생산과 투자가 이뤄지려면 누군가 그것을 소비해야 하기 때문이다. 그런데 지금 한국 경제는 수요 기반이 급속히 붕괴되고 있는 구조적 위기에 직면해 있다. 그 가장 근본적인 원인은 인구절벽, 즉 인구의 양적 축소와 질적 변화다.

한국의 합계출산율은 2024년 기준 0.72명으로 전 세계에서 가장 낮은 수준이다. 동시에 고령화는 빠르게 진행되고 있다. 전체 인구 중 65세 이상 비중은 이미 18%를 넘어섰으며, 2035년에는 초고령사회 기준인 25%를 돌파할 전망이다.

이처럼 생산가능인구는 줄고 소비 여력이 높은 청년층은 급감하고 있다. 기업의 입장에서는 내수시장이 좁아지고, 제품이나 서비스의 타깃층이 사라지면서 장기적인 수요 기반이 무너지는 현상을 맞이한다. 특히 부동산, 교육, 소비재, 금융, 외식 등 내수 산업이 직접적인 타격을 받고 있다.

  수요가 줄어드는 사회에서는 투자도 줄고, 고용도 줄며, 소득 역시 줄어드는 악순환이 발생한다. 단순히 인구가 감소하는 것이 아니라, 경제 전반의 활력이 떨어지는 것이다.

인구구조 변화가 만들어낸 복합적 위기

  인구절벽은 단순한 '사람 수'의 문제가 아니다. 그것은 경제, 사회, 노동, 복지 전 영역에 걸친 복합 위기를 초래한다.

  첫째, 노동공급의 축소다. 생산가능인구가 줄어들면 기업은 인력 확보에 어려움을 겪고, 임금은 상승하나 생산성은 유지되지 않는다. 특히 청년층 노동력 부족은 혁신산업, 신기술 분야의 인재 수급에 직접적인 악영향을 준다.

  둘째, 소비패턴의 변화다. 인구 고령화는 소비 구조의 변화를 동반한다. 젊은 층의 소비가 줄고, 노년층 중심의 의료·복지 소비가 늘어난다. 하지만 이는 제조업, 문화산업, 유통 등 기존 산업의 수익 기반을 약화시킨다.

  셋째, 부동산 시장의 구조적 침체다. 1인 가구와 고령 가구의 증가, 인구 감소 지역의 확산은 지역 부동산 시장을 위축시키고, 이는 건설·금융·소비산업 전체에 파급 효과를 미친다.

넷째, 복지 재정의 부담 증가다. 고령자 비중이 높아질수록 연금, 건강보험, 장기요양 등 복지재정 수요는 폭증한다. 하지만 이를 부담할 현역세대는 줄어들어, 결국 국가재정의 지속가능성이 흔들린다.

다섯째, 지역 공동체의 붕괴다. 인구가 줄고 고령화가 심한 지역은 학교와 병원이 사라지고, 기업도 빠져나가며 삶의 기반 자체가 무너진다. 이는 사회적 고립과 정치적 불만을 낳는 근원으로 작용한다.

결국 인구절벽은 단순히 '사람이 부족하다'는 문제가 아니라, 국가 시스템 전반의 기능 약화를 가져오는 구조적 위기다.

인구정책의 전환과 수요 창출 전략이 필요하다

지금 한국 사회가 마주한 인구위기는 이미 '예고된 위기'를 넘어 '진행 중인 위기'다. 따라서 단기적 처방이나 캠페인 중심의 출산장려정책만으로는 대응할 수 없다. 보다 구조적이고 혁신적인 전환 전략이 필요하다.

첫째, 이민정책을 국가전략으로 채택해야 한다. 지금의 인구구조를 감안하면 출산율이 당장 반등해도 경제적 효과는 수십 년 후에나 나타난다. 따라서 우수 인재, 청년 노동력, 돌봄 인력 등을 중심으로 한 전략적 이민정책이 필수다. 이를 위해서는 법률, 제도, 국민 인식 전반을 정비해야 한다.

둘째, 전 생애주기별 삶의 질을 높여야 한다. 출산율은 경제적 선택이자 사회적 신뢰의 결과다. 주거·보육·교육·노동·양육에 대한 불안과 부담을 줄여야 한다. 삶이 안정되어야 결혼도, 출산도 선택될 수 있다.

셋째, 고령 인구를 새로운 수요 주체로 재편해야 한다. 고령층은 더 이상 '소비 없는 계층'이 아니다. 여가, 건강, 금융, 문화, 교육 등 다양한 분야에서 활동 가능한 고령층을 적극적으로 포용하고, 이들을 위한 산업과 서비스 생태계를 구축해야 한다.

넷째, 지역 기반 수요 창출 정책이 필요하다. 수도권 집중을 완화하고, 지방 중소도시의 정주 여건을 개선해야 한다. 일자리, 교육, 문화시설, 주거환경이 결합된 지역 중심 '생활권 재편 전략'이 핵심이다.

다섯째, 디지털 전환을 통한 새로운 산업 수요를 창출해야 한다. 인구가 줄어들수록 자동화, AI, 원격 기술 등 디지털 기반 생산·소비 시스템이 필요하다. 동시에 플랫폼 생태계가 독점과 격차를 만들지 않도록 규제와 혁신의 균형이 필요하다.

요컨대, 인구절벽은 피할 수 없는 흐름이라면, 우리는 그에 맞는 시스템과 수요 기반을 새롭게 설계해야 한다. 과거처럼 사람 수에 의존한 성장모델은 더 이상 유효하지 않다.

인구가 줄어드는 시대에는 오히려 질 높은 사람, 효율적인 제도, 공정한 기회가 경쟁력이다. 이제는 단순히 숫자를 늘리는 것이 아니라, 사람이 살아가는 구조를 바꾸는 것이 성장 전략의 핵심이다.

부채로 연명하는
경제의 민낯

'성장'이 아니라 '부채 확대'였다

한국 경제의 성장동력이 꺼지고 있다는 위기의식 속에서도, 통계상 GDP는 플러스 성장을 유지해왔다. 그러나 이 성장이 과연 실질적인 부가가치 창출에 기반한 것인지, 아니면 부채에 의존한 소비와 투자 확대에 불과한 것인지 따져볼 필요가 있다.

최근 10여 년간 한국 경제의 한 축을 지탱해온 것은 다름 아닌 부채였다. 가계는 부동산과 생활비 부담을 감당하기 위해, 기업은 저금리 기조를 활용한 차입을 통해, 정부는 복지와 경기 대응을 위한 재정지출 확대로 채무를 늘려왔다.

2024년 현재 한국의 가계부채는 GDP 대비 100%를 넘어섰고, 기업부채도 120%에 육박한다. 여기에 국가채무도 1,100조 원을 넘어 GDP 대비 55% 수준으로 빠르게 늘고 있다. 이는 OECD 평균에 비해서도 매우 가파른 증가 속도다.

즉, 한국 경제는 '저성장-저금리-고부채'라는 기형적 3중 구조에 빠져 있는 셈이다. 생산성 향상이나 산업 경쟁력 확대가 아닌, 부채 확대로 성장률을 착시 효과처럼 끌어 올려온 구조적 문제가 본격화되고 있다.

가계·기업·정부, 모두가 빚에 기대는 구조

한국의 가계부채는 세계적으로도 손꼽히는 수준이다. 2024년 현재 총 가계부채는 약 1,860조 원에 달하며, 이는 한국 GDP를 초과하는 규모다. 이 중 절반 이상이 주택담보대출이며, 최근에는 전세보증금 반환 문제로 인한 신용대출도 급증하고 있다.

문제는 이 부채가 소비 여력을 갉아먹고 있다는 점이다. 금리가 오르면서 이자 상환 부담이 커지고, 이는 곧바로 내수 위축으로 이어진다. '영끌'과 '빚투'라는 단어가 유행할 정도로 가계는 과도한 레버리지에 의존했고, 이제 그 대가를 치르고 있는 상황이다.

기업도 예외가 아니다. 대기업은 저금리 시대에 대규모 자금 조달을 통해 설비투자와 M&A를 단행했지만, 그중 상당수는 수익성 확보보다는 방어적 투자에 그쳤다. 반면 중소기업은 코로나 이후 유동성 위기에 몰리며 정책자금과 금융기관 차입에 의존해왔다.

한편, 정부 역시 재정 확대로 경제를 떠받치고 있다. 코로나 팬데믹 이후 급격히 늘어난 추경 예산, 복지 지출, 일자리 사업 등은 단기적 방어에는 효과가 있었으나 구조개혁이나 성장 기반 확충으로 이어지지는 못했다. 결과적으로 한국은 민간과 정부 모두가 미래가 아닌 현재를 위해 빚을 쓰고 있는 셈이다.

이러한 총체적 부채 구조는 금리 상승, 경기 둔화, 글로벌 유동성 축소 등 외부 충격에 취약하다.

부채 의존 경제에서 생산성 기반 경제로 전환하라

한국이 '부채 의존 경제'를 지속한다면, 결국 선택지는 두 가지다. 더 많은 빚을 내면서 정체를 이어가든가, 빚을 줄이는 순간 성장률이 급락하든가. 어느 쪽이든 지속 가능하지 않다. 지금 필요한 것은, 근본적 구조 전환이다.

첫째, 가계부채의 질적 구조를 개선해야 한다. 단순한 총량 관리보다 중요한 것은 부채의 용도와 상환능력 기반 관리다. 실수요 중심의 주택대출 원칙을 강화하고, 상환능력 심사를 강화하며, 총부채원리금상환비율(DSR) 제도를 지속적으로 정비해야 한다.

둘째, 기업의 생산성 중심 투자 유도를 확대해야 한다. 대기업의 사내유보금은 1,000조 원을 넘었으나 실제 R&D나 고용으로 이어지는 비중은 낮다. 정부는 규제 완화와 함께 생산성 향상에 기여하는 투자에 인센티브를 제공하고, 불필요한 중복 사업과 방어적 자금 집행은 줄여야 한다.

셋째, 정부 재정의 역할과 방향을 재설계해야 한다. 재정 확대는 불가피한 측면이 있지만, 단기적 경기 부양이 아닌 구조개혁 지원과 미래 투자 중심으로 전환해야 한다. 복지 지출은 지속 가능성 있는 모델로 재편하고, 공공부문의 생산성과 효율성을 높여야 한다.

넷째, 금리와 통화정책의 정상화 속도에 맞춰 금융안정을 병행해야 한다. 금리가 정상화되는 과정에서 취약계층과 기업의 도산이 늘지 않도록 정책보완책을 마련하고, 금융기관의 건전성 기준을 강화해 부실 리스크를 조기에 차단해야 한다.

다섯째, 경제성장의 패러다임을 부채 의존에서 생산성 기반으로 바꿔야 한다. 이를 위해서는 노동시장 유연화, 혁신 인프라 확충, 규제 정비, 교육개혁 등 전방위적 구조개혁이 동반되어야 한다.

부채는 성장의 촉진제가 될 수 있지만, 지속 가능하지 않으면 독이 된다. 지금까지 한국은 부채를 통해 위기를 모면해왔지만, 이제는 모면이 아닌 전환의 시점이다.

'돈을 더 푼다고 경제가 나아지는 시대'는 끝났다. 성장의 엔진은 더 이상 '대출'이 아니라 '생산성'이어야 한다. 부채가 아닌 실질소득, 투자가 아닌 혁신, 지출이 아닌 효율이 중심이 되는 구조를 만들지 않는 한, 한국 경제는 부채의 덫에 갇혀 제자리만 맴돌게 될 것이다.

PART
2

저성장의 뿌리, **어디에서 비롯됐나**

저성장의 근본 원인은 단순한 경기순환이 아니라 구조적 병목에 있다.
기술 추격형 모델의 한계, 불균형한 산업구조, 노동시장의 이중 구조,
자본의 생산적 흐름 부재, 사회적 갈등과 신뢰 위기 등이
복합적으로 작용하고 있다.
이 장은 한국 경제의 성장을 가로막는 10대 구조 요인을 짚어내며,
본격적인 대전환의 필요성을 강조한다.

01 산업구조 고착화와 신성장동력 부재

변화하지 못한 산업구조, 성장의 제동을 걸다

산업은 국가 경제의 근간이며, 성장을 견인하는 핵심 엔진이다. 한국은 과거 중화학공업과 IT산업을 중심으로 한 '압축 성장모델'을 통해 산업화와 세계화를 동시에 달성해왔다. 그러나 이제 그 성장모델이 한계에 도달하고 있다.

자동차, 조선, 철강, 석유화학 등 전통 주력 산업은 글로벌 시장에서의 가격 경쟁력은 유지하고 있으나 수익성과 부가가치 창출 능력은 갈수록 낮아지고 있다. 반도체를 제외하면 대부분의 주력 산업이 저성장 기조에 들어선 지 오래다.

문제는 이러한 산업구조가 지속 가능한 전환 없이 고착화되고 있다는 점이다. 경제의 비중에서 여전히 전통 제조업의 비율이 과도하고, 서비스업은 양적 확대에도 불구하고 질적 경쟁력은 미약하다.

예컨대 금융, 교육, 의료, 문화 콘텐츠 등 고부가가치 서비스업은 선진국 대비 생산성이 절반에도 못 미치고 있으며, 규제 장벽과 인력 부족, 디지털 전환 지연 등으로 인해 미래 성장동력으로 전환되지 못하고 있다.

결국 한국 산업의 구조는 과거의 성공에 머무른 채 미래로 이행하지 못하고 있는 상태, 곧 '경직된 성장 구조'에 빠져 있다고 할 수 있다. 이 고착화된 산업구조는 저성장의 가장 직접적인 원인 중 하나다.

신성장동력은 왜 자리 잡지 못했나

정부는 매 정권마다 '신성장동력'이라는 이름의 산업정책을 내세웠다. 2000년대 초반의 IT 육성, 2010년대의 녹색성장, 2020년대의 K-뉴딜 등 다채로운 정책이 등장했다. 하지만, 그중 상당수가 일회성 행사성 프로젝트에 그치거나 시장과의 괴리 속에 사라졌다.

첫째, 정책의 일관성과 지속성이 부족했다. 정권이 바뀔 때마다 전략산업이 바뀌었고, 지원도 단절되기 일쑤였다. 산업 육성은 장기적 안목이 필요한 영역인데, 한국의 산업정책은 대개 3~5년 단위의 정치적 기획 수준에 머물렀다.

둘째, 규제와 제도의 속도가 산업의 혁신 속도를 따라가지 못했다. 예컨대 AI, 바이오, 드론, 모빌리티 등 미래산업 분야에서는 법률과 행정이 산업 생태계를 발목잡는 역할을 했다. 규제 샌드박스 제도도 초기 효과는 있었지만, 구조적 개혁에는 이르지 못했다.

셋째, 민간의 혁신투자에 대한 인센티브 부족이 문제였다. R&D 세액공제 확대, 기술기반 기업에 대한 자금 지원 등도 일부 시행됐으나 여전히 대기업 중심으로 자금이 집중되고 중소·중견 혁신기업은 생존 자체가 어렵다.

넷째, 대학·연구소·기업 간 협력 생태계 부실도 중요한 한계다. 기술은 개발되지만 사업화되지 못하거나, 인재는 양성되지만 산업 수요와 맞지 않는 구조는 혁신의 사각지대를 키운다.

다섯째, 국민적 공감대와 참여 기반이 부족했다. 새로운 산업이 왜 필요한지, 어떤 사회적 가치와 연결되는지에 대한 소통이 미흡했다. 일부는 '특혜 산업'으로 인식되었고, 또 일부는 시장에서의 필요성이 검증되지 않은 채 추진되었다.

결과적으로 '신성장동력'이라는 이름은 있었지만, 실제 성장엔진으로 작동한 사례는 드물다. 구조적 전환 없이 보조금과 세금으로 부양한 산업은 시간이 지나면 다시 낙후산업이 된다.

산업구조 대전환을 위한 전략은 무엇인가

저성장에서 벗어나기 위한 핵심은 산업구조의 혁신적 전환이다.

기존 주력 산업의 경쟁력을 유지하면서 동시에 미래산업에 대한 전략적 선택과 집중이 필요하다.

첫째, '선택과 집중'이 명확한 산업정책을 수립해야 한다. 국가 전체가 동원 가능한 역량을 특정 산업군에 집중하여 글로벌 경쟁력을 확보해야 한다. 반도체, 배터리, AI, 바이오, 우주항공, 국방기술 등은 단기 성과에 연연하지 않고 장기 투자 로드맵이 필요하다.

둘째, 서비스 산업의 고부가가치화가 핵심 과제다. 교육, 의료, 금융, 문화콘텐츠, 관광 등은 노동집약적이고 규제 장벽이 높아 혁신이 더딘 분야다. 그러나 이 부문에서 생산성을 높이고 글로벌 시장을 개척할 경우, 새로운 수출 동력으로 전환이 가능하다.

셋째, 산업 간 융복합을 촉진하는 제도 설계가 필요하다. AI+농업, 바이오+의료, 콘텐츠+금융 등 분야 간 경계를 허무는 융합이 새로운 시장을 창출한다. 이를 위해서는 규제 정비와 표준화, 데이터 공유 시스템 구축이 동반되어야 한다.

넷째, 지역산업 재편을 통한 균형 성장 전략이 요구된다. 수도권 중심 산업 집중을 완화하고, 지역의 특화 산업을 육성하는 것이 장기적으로 국가 전체의 산업 효율성을 높이는 길이다. 지방 거점 도시별로 맞춤형 산업 클러스터를 구축해야 한다.

다섯째, 인재와 기업이 모이는 산업 생태계 조성이 중요하다. 단순한 지원이 아니라, 기술·인력·자본·시장 네트워크가 동시에 존재하는 집적된 혁신 생태계가 필요하다. 실리콘밸리식 접근보다 '한국형 혁신지대'를 설계할 필요가 있다.

산업은 단순한 '공장'이나 '기술'이 아니라, 사람과 자본, 제도와 문화가 만나 이루는 복합 시스템이다. 한국 경제가 다시 도약하려면, 지금까지의 성장 방정식을 완전히 새롭게 써야 한다.

성장을 다시 불러오고자 한다면, 과거 산업을 연명할 것이 아니라 미래산업을 개척해야 한다. 이 전환이 실패한다면, 저성장은 구조가 아니라 숙명이 될 것이다.

규제의 덫에 갇힌
창업과 혁신

창업국가를 외치지만, 문턱은 여전히 높다

한국은 매년 수많은 예비 창업자와 스타트업이 등장하는 '창업 활발 국가'로 분류된다. 중소벤처기업부에 따르면 2023년 한 해에만 150만 개 이상의 사업체가 새로 문을 열었다. 하지만 그만큼 문을 닫는 사업체도 많다. 창업 5년 생존율은 30% 남짓, 특히 기술기반 창업은 그보다 낮다.

표면적으로는 정책지원이 많고, 창업을 장려하는 환경처럼 보이지만 현장에서는 오히려 '정책이 장애'가 되는 경우가 빈번하다. 창업을 하려면 복잡한 인허가 절차, 까다로운 규제, 중복된 행정요건, 낡은 법과 제도에 부딪혀야 한다.

예를 들어, 배달앱 기반의 푸드테크 기업은 식품위생법·위생관리법·건축법·통신판매업법 등 수많은 규제가 동시에 적용된다. 공유오피스, 공유숙박, 온라인 원격진료, 모빌리티 플랫폼 등 대부분의 혁신 서비스는 '법이 허용하지 않는 한 금지'하는 포지티브 규제 체계의 벽을 넘지 못한다.

그 결과, 기업은 창의적 시도를 하기보다 기존 산업의 '그림자' 안에서 안전하게 머무는 편을 택하게 된다. 창업이 활발한 듯 보이나, 실제로는 혁신 없는 창업, 생계형 창업, 유사 업종 난립으로 이어진다. 이는 경쟁 과열과 생산성 저하로 귀결된다.

제도는 멈췄고, 시장은 질식하고 있다

혁신을 실현하기 위해서는 단지 기술력이나 아이디어만으로는 부족하다. 그것을 실험하고, 상용화하고, 빠르게 시장 반응을 확인할 수 있는 제도적 유연성이 필요하다. 그러나 한국의 현행 규제 구조는 혁신을 억제하는 시스템으로 작동하는 경우가 많다.

첫째, 법령이 빠르게 변하는 산업의 속도를 따라가지 못한다. 예컨대 드론 배송, AI 진단, 블록체인 기반 금융서비스 등은 세계 시장에서는 이미 상용화되고 있으나 한국에서는 법제 미비로 인해 시범사업조차 어려운 경우가 많다.

둘째, 규제기관 간 중첩과 분절화가 심각하다. 하나의 서비스가 여러 부처의 승인을 받아야 하는 구조 속에서, 창업자는 누가 책임을 지고 누구에게 허가를 받아야 할지조차 모른다. 산업융합 제품이나 서비스는 늘어났지만, '융합 행정'은 여전히 없다.

셋째, 규제 샌드박스의 한계도 분명하다. 도입 초기에는 규제 완화를 위한 유연한 수단으로 기대를 모았지만, 시간이 지나며 소극적 운영과 예외 승인 중심으로 흐르고 있다. 혁신은 예외가 아닌, 제도의 기본으로 자리잡아야 한다.

넷째, 기득권 산업의 반발과 정치적 이해관계가 제도 개선을 지연시키는 현실이다. 온라인 약국, 모빌리티 혁신, 원격의료 등은 사회적 수요가 분명하지만, 기존 산업 보호 논리에 밀려 수년째 정체되고 있다.

다섯째, 정책과 행정이 지나치게 '통제 지향적'이다. 혁신의 가능성을 신뢰하기보다는, 부작용을 우려하며 사전 억제하려는 사고방식이 여전히 행정부와 입법부에 만연하다. 이는 정책 신뢰도와 기업가 정신을 동시에 위축시킨다.

결국 한국은 창업이 많은 나라가 아니라, 창업하기 어려운 나라, 혁신이 통과하기 힘든 나라, 변화에 느린 나라로 인식되고 있다.

규제 개혁은 선언이 아니라 구조 개편이다

이제 '규제 개혁'은 더 이상 선언적 슬로건이어서는 안 된다. 창업과 혁신을 중심에 두는 구조 개편이 병행되어야 한다. 단순히 규제 하나를 없애는 것이 아니라, 법제도·행정·인식의 총체적 전환이 필요하다.

첫째, 규제의 기본 틀을 '포지티브'에서 '네거티브'로 전환해야 한다. 허용되지 않는 것은 모두 불법이라는 현 체계는 혁신의 발목을 잡는다. 법에서 금지한 일부만을 막고, 나머지는 시장의 실험과 경쟁에 맡기는 유연한 구조로 바뀌어야 한다.

둘째, '사전규제' 중심에서 '사후관리' 중심으로 이동해야 한다. 기업이 새로운 서비스를 시도할 수 있게 하고, 발생 가능한 문제는 이후 조정과 보완을 통해 관리하는 방식이 더 생산적이다. 행정 리스크를 줄이고 기업의 민첩성을 높여야 한다.

셋째, 부처 간 칸막이를 허물고 '통합 규제 행정 시스템'을 구축해야 한다. 산업융합, 플랫폼, 디지털 전환이 핵심 키워드인 시대에 각 부처의 분절된 규제는 더는 유효하지 않다. '혁신 조정 전담 기구'를 설립하거나 대통령 직속 위원회 등 상설 협의체가 필요하다.

넷째, 규제 샌드박스를 근본적으로 개편해야 한다. 단기 유예 수준이 아니라, 샌드박스에서 실험된 정책이 제도화로 이어지는 경로가 설계되어야 한다. 또한, 참여 기업의 의견과 성과를 정책 설계에 반영할 수 있는 피드백 구조가 필수적이다.

다섯째, 혁신 친화적 사회 분위기를 조성해야 한다. 새로운 시도를 무조건 위험으로 간주하는 문화에서 벗어나, 실패를 포용하고 실험을 응원하는 태도로 전환해야 한다. 시민사회와 언론, 정치권 모두 '혁신의 사회적 합의'에 동참해야 한다.

요컨대 창업과 혁신은 정부의 간섭이 아닌, 정부의 배려와 사회의 신뢰 속에서 꽃피는 영역이다. 제도의 벽을 허물고 시장의 가능성을 열어주는 것이야말로, 저성장을 돌파할 가장 강력한 방법이다.

교육과 인재정책의 미스매치

고학력 사회, 그러나 무기력한 인재 구조

한국은 세계 최고 수준의 교육열을 자랑한다. 대학 진학률은 OECD 최고 수준이고, 사교육 시장의 규모는 연간 25조 원을 넘는다. 그러나 역설적이게도 많은 이들이 '쓸모없는 고학력'에 갇혀 있다. 높은 교육 수준이 산업 생산성과 노동시장 경쟁력으로 이어지지 않고 있다.

청년들은 취업난에 허덕이고, 기업은 인재 부족을 호소한다. 이는 단순한 일자리 수급의 문제가 아니라, 인재 수요와 교육 공급 간의 구조적 불일치, 즉 '미스매치(mismatch)' 현상 때문이다.

예컨대 이공계 전공자들은 적지 않으나 산업현장에서는 소프트웨어·AI·반도체·로봇·바이오 등 핵심 분야에 대한 실무형 인재가 부족하다. 반대로 인문사회 계열의 대졸자는 넘쳐나지만, 관련 일자리는 제한적이고 고용 안정성도 낮다.

또한, 대학 졸업자 상당수가 '스펙 쌓기'에 집중하느라 직무역량과 문제해결력, 협업 능력을 제대로 갖추지 못한 채 사회로 나온다. 그 결과, 입사 후 다시 재교육이 필요하고, 기업의 인력 활용 효율도 떨어진다.

고학력은 쌓였지만, 실제로 사회가 필요로 하는 인재는 부족하다. 이는 한국 교육 시스템이 산업구조의 변화, 직무 중심의 채용 문화, 기술혁신 속도에 적절히 대응하지 못하고 있음을 방증한다.

교육과 산업, 따로 노는 시스템

현재 한국의 교육 시스템은 산업 수요를 제대로 반영하지 못하는 구조로 운영되고 있다. 초·중등교육은 여전히 입시 중심, 대학은 전공 불균형과 현장 연계성 부족, 직업교육은 사회적 인식과 제도적 지원 모두에서 취약하다.

첫째, 대학과 산업 간의 연결고리가 부실하다. 많은 대학은 이론 중심의 교육을 유지하고 있으며, 산업현장과의 협력은 일부 산학협력단에 국한되어 있다. 교육과정이 현장 수요에 따라 유연하게 개편되지 못하고, 교수진과 커리큘럼도 빠르게 변하지 않는다.

둘째, 직업계고와 전문대의 위상 약화다. 고졸 취업은 여전히 회피 대상이고, 전문대는 '대학 아닌 대학'으로 폄하된다. 그러나 실제 산업현장에서는 숙련기술인력과 실무형 전문인력의 수요가 크다. 이 간극은 정책과 사회문화가 함께 만들어낸 결과다.

셋째, 성인 재교육과 평생학습 체계의 부실도 문제다. 산업구조가 빠르게 바뀌는 시대에는 생애 전 주기에서 기술을 배우고 바꿔야 하는데, 한국의 성인 학습 참여율은 OECD 평균보다 낮다. 일과 학습을 병행할 수 있는 제도적 기반도 부족하다.

넷째, 교육정책과 고용정책의 분절성이다. 교육부, 고용노동부, 중소벤처기업부 등 부처별로 각자 다른 방향의 정책을 펼치며 통합되지 않은 정책 환경 속에서 인재 양성 전략은 엇박자를 낸다.

이처럼 교육과 산업이 따로 놀고, 인재 양성과 활용의 사이클이 끊어진 구조에서는 아무리 교육에 돈을 써도 저성장의 늪에서 벗어나기 어렵다.

'사람 중심 성장'을 위한 인재 전략이 필요하다

저성장을 돌파할 가장 근본적이고 지속 가능한 해법은 결국 사람이다. 인구는 줄고 자본은 한계에 달한 지금, 사람의 가능성을 극대화하는 인재 전략이 핵심 성장동력이다. 이를 위해서는 다음과 같은 전환이 필요하다.

첫째, 직무 중심의 교육개혁이 시급하다. 산업계가 요구하는 역량을 분석해 직무기반 교육과정을 설계하고, 교육 성과를 실제 채용과 연결해야 한다. 대학도 전공 간 장벽을 허물고 융합형·프로젝트 기반 학습으로 전환해야 한다.

둘째, 고등교육과 직업교육의 위상을 재정립해야 한다. '대졸 만능주의'에서 벗어나, 고졸 기술인력·전문대 출신 인력의 사회적 지위를 높이고, 이들이 성장할 수 있는 경력사다리를 제도화해야 한다. 독일식 이원화 직업교육 모델도 참고할 필요가 있다.

셋째, 생애주기별 평생학습 체계를 구축해야 한다. 정부 주도의 평생교육 플랫폼을 활성화하고, 기업과 협력하여 전직·이직·업스킬링을 지원하는 시스템을 설계해야 한다. 디지털 전환 시대에는 계속 배우지 않으면 도태된다.

넷째, 교육-산업-정부의 인재 전략을 통합해야 한다. '국가 인재전략위원회' 등 범부처 협업기구를 통해 부처 간 정책을 조정하고, 산업별 인재 수급 예측, 지역 맞춤형 인재 육성, 중장기 수요 대응 시스템을 갖춰야 한다.

다섯째, 창의력·융합력·협업력 중심의 인재관 전환이 필요하다. 단순 지식이 아닌 문제 해결력, 소통 능력, 디지털 리터러시 등 미래 핵심역량을 중심에 두는 교육으로의 방향 전환이 필수다.

사람은 비용이 아니라 자산이며, 성장의 주체이자 결과다. 저성장의 시대일수록 사람에 대한 투자야말로 가장 확실하고 강력한 성장 전략이다. 교육이 산업을 읽고, 산업이 교육을 이끌고, 그 사이에 정책이 작동해야 한다.

금융의 생산적
자금 배분 실패

돈은 흘렀지만, 생산은 일어나지 않았다

한국의 금융시스템은 겉으로 보기엔 튼튼해 보인다. 예금자 보호장치가 잘 되어 있고, 국내 금융사들의 자산 건전성 지표도 양호한 편이다. 그러나 그 내면을 들여다보면 한국 금융은 '생산적 자금 흐름'이라는 본래 기능을 상실하고 있다.

자금은 넘쳐났다. 초저금리와 양적 완화 시대를 거치며 막대한 유동성이 금융시장에 풀렸다. 문제는 이 자금이 어디로 갔느냐다. 2024년 현재 금융권의 가계대출 잔액은 약 1,860조 원, 그중 상당수가 부동산 담보대출이다.

기업 대출 역시 상당 부분이 운전자금이나 기존 대출 상환에 재차 쓰이는 순환 구조에 머물러 있으며, 미래 먹거리 창출을 위한 신산업 투자, 기술개발, 스타트업 자금 지원은 여전히 제한적이다.

결국, 한국 금융은 위험은 회피하고, 안전한 자산에 몰리는 구조, 성장을 이끄는 금융이 아니라 자산만 불리는 금융으로 고착화되고 있다. 이는 자본의 비효율을 넘어, 경제성장의 에너지를 빼앗는 구조적 문제다.

금융의 역기능, 성장의 발목을 잡다

금융은 실물경제를 지원하는 기능을 해야 하나, 지금 한국의 금융은 실물경제를 '따라가지 못하고', 때론 '방해하는' 구조로 작동하고 있다.

첫째, 대출의 부동산 편중이 심각하다. 은행 입장에서 부동산 담보대출은 안정적이고 수익률이 높은 상품이다. 하지만 이로 인해 기술창업이나 혁신기업은 자금 확보가 어려워진다. 자금의 '안전성' 추구가 오히려 전체 경제의 '위험성'을 키우는 아이러니다.

둘째, 모험자본 생태계의 부실이다. 한국의 벤처캐피탈은 최근까지 양적 성장을 거듭했으나 투자 회수 시장인 IPO나 M&A는 극도로 협소하다. 이는 장기 투자 유인을 떨어뜨리고, 혁신기업의 생태계를 위축시킨다.

셋째, 정책금융의 비효율과 중복성이다. 다양한 기관이 유사한 목적의 금융지원을 제공하나, 성과는 낮고 자원의 중복이 많다. 신용보증, 기술보증, 창업자금 등은 실수요자보다는 '관계망'에 따라 흘러가는 경우도 적지 않다.

넷째, 중소기업 금융의 고비용·고난이도 구조다. 담보 중심 심사와 획일적 신용평가 시스템으로 인해 잠재력이 높은 중소기업이 외면받고 있다. 특히 기술기반 기업은 자산이 아닌 '기술력'을 입증해야 하는데, 이를 평가할 수 있는 금융 인프라가 부족하다.

다섯째, 디지털 전환에 대한 금융권의 대응 미비다. 핀테크와 플랫폼 금융이 확산되고 있으나, 기존 금융권은 '기존 모델의 디지털화'에만 치중할 뿐, 금융의 근본 기능 재설계에는 소극적이다.

이러한 구조는 자본의 효율적 배분을 막고, 저성장을 고착화하는 구조적 병목으로 작용한다. 결국 돈은 돌지만, 생산은 멈춘다.

금융을 '성장의 플랫폼'으로 재구성하라

저성장을 극복하기 위해서는 금융이 다시 경제의 혈류역할을 회복해야 한다. 이는 단순한 자금 공급 확대가 아니라, 자금이 어디로, 어떻게 흐르느냐를 구조적으로 재설계하는 문제다.

첫째, 부동산 중심 금융에서 산업 중심 금융으로 전환해야 한다. 가계대출 총량 관리와 함께, 부동산 외 자산군에 대한 과세 형평성과 유인 구조를 정비해 자산 쏠림을 막아야 한다.

둘째, 모험자본 생태계를 활성화해야 한다. 벤처캐피탈, 사모펀드, 크라우드펀딩 등 다양한 투자 경로가 작동하도록 제도 기반을 확충하고, IPO 제도를 유연화하여 투자 회수 환경을 개선해야 한다.

셋째, 정책금융을 구조화하고 통합해야 한다. 유사 기능의 보증 기관과 지원 기관을 통합 또는 연계하고, 실적 중심이 아닌 생산성 기반 성과관리 체계를 도입해야 한다.

넷째, 기술·신산업 중심의 금융 인프라를 구축해야 한다. 기술 가치평가 시스템, IP 기반 담보제도, AI 신용평가 등 정량적 자산 외 요소를 반영할 수 있는 시스템이 필수다. 금융도 기술과 만나야 한다.

다섯째, 금융의 디지털 전환을 '서비스 중심'으로 재구조화해야 한다. 단순히 모바일 앱을 개선하는 수준이 아니라, 고객 중심 데이터 기반 상품 설계와 맞춤형 금융 자문 생태계가 작동해야 한다.

한국 경제가 다시 살아나기 위해서는, 금융이 돈의 주인이 아니라 흐름의 조정자가 되어야 한다. 혁신이 필요한 곳으로, 회복력이 필요한 계층으로, 생산성이 높은 분야로 자금을 보내는 시스템. 그것이 바로 저성장을 뚫고 나갈 금융의 역할이다.

05
고령화와
생산가능인구의 급감

일할 사람이 줄어드는 나라

한국은 세계에서 가장 빠른 속도로 고령화가 진행되는 국가다. 2000년 고령화사회(65세 이상 인구 비율 7% 이상)에 진입한 지 불과 17년 만인 2017년에는 고령사회(14% 이상), 그리고 2024년에는 초고령사회(20% 이상)에 진입했다.

이러한 인구구조 변화는 단지 노인 인구가 늘어난다는 뜻이 아니다. 동시에 생산가능인구(15~64세)의 절대 수가 줄어드는 구조적 전환을 의미한다. 2020년을 기점으로 한국의 생산가능인구는 감소세로 전환됐고, 2030년에는 2017년 대비 15% 이상 줄어들 것으로 예측된다.

경제의 관점에서 이는 매우 심각한 신호다. 일할 사람이 줄면, 경제의 공급 능력은 떨어진다. 동시에 소비 주체인 젊은 층도 줄어들기 때문에 수요 기반도 약화된다. 이는 이중의 하방 압력으로 작용하며, 한국 경제의 성장률 하락을 구조화시킨다.

특히 제조업, 건설업, 돌봄서비스, 운송업 등 노동집약적 산업에서 인력 부족 현상은 이미 현실화되고 있다. 2024년 현재 기준, 300인 미만 중소기업의 47%가 인력난을 호소하고 있으며, 단순노무직에서 외국인 노동자 의존도가 급증하고 있다.

한국 경제가 더 이상 '노동력 공급의 확대'를 전제로 성장할 수 없는 구조에 진입했다는 것을 인정해야 한다.

고령화가 바꾸는 경제의 풍경

고령화는 노동력 축소뿐 아니라, 경제 전반의 수요 구조와 재정 구조, 시장 구조까지 근본적으로 바꾸는 변수다.

첫째, 소비패턴의 변화가 일어난다. 고령층은 기본적인 소비지출은 유지하되, 교육·주택·문화·여가 등에 대한 지출은 줄이고, 의료·돌봄 등 특정 분야에 집중한다. 이는 기존 산업구조에 충격을 준다. 예컨대 교육·외식·문화 콘텐츠 등은 수요 기반이 줄어들고, 반대로 요양·의료·보건·실버용품 등은 수요가 증가한다.

둘째, 투자 여력과 시장 기대가 위축된다. 젊은 인구가 줄고 소비가 정체되면 기업의 미래 성장성은 낮아지고, 민간 투자는 수익성을 담보하기 어려워진다. 이는 기업의 혁신 의욕도 떨어뜨린다.

셋째, 부동산 시장의 구조 변화가 발생한다. 인구 감소 지역은 집값 하락과 미분양 증가가 동시에 나타나며, 고령 가구의 자산 처분으로 공급 과잉 현상도 가속화될 수 있다. 수도권 중심의 부동산 시장마저 장기 침체 국면에 접어들 가능성이 크다.

넷째, 복지 지출의 급증과 재정 부담이 심각하다. 고령 인구가 늘면 국민연금, 건강보험, 기초연금, 장기요양보험 등 모든 복지 분야에서 지출이 증가한다. 하지만 노동력 감소로 인해 세수 기반은 약화되어, 결국 재정의 지속가능성이 흔들리는 구조가 나타난다.

다섯째, 기술 도입과 자동화의 가속화가 나타난다. 인건비 상승과 노동력 부족은 AI·로봇·스마트 팩토리 등의 기술 수요를 자극하나, 중소기업이나 저소득 국민층은 이 전환에서 소외되기 쉬운 이중 구조가 형성된다.

결국 고령화는 단순한 인구 문제가 아니라, 국가 시스템 전체의 재조정이 필요한 '거대한 경제적 사건'이다.

인구구조 변화에 대응하는 경제 전략

한국 사회가 초고령화·인구절벽 시대를 맞아 저성장 구조를 넘어설 수 있으려면, 단기 처방이 아닌 구조적 전략 전환이 필요하다.

첫째, 고령층을 '비용'이 아닌 '자산'으로 인식하는 전환이 필요하다. 고령자도 건강하다면 충분히 경제활동이 가능하다. 정년 연장, 단계적 은퇴제, 시니어 창업 지원 등 고령 친화적 노동시장 설계를 통해 활동 가능 고령층의 사회 참여를 확대해야 한다.

둘째, 여성과 청년층의 경제활동 참가율을 높여야 한다. 육아·가사 부담 완화, 경력단절 방지, 유연근무 확대 등을 통해 여성의 일과 삶의 균형을 보장해야 하며, 청년층에게는 안정적 주거와 공정한 기회를 제공해 경제활동으로 진입할 수 있도록 지원해야 한다.

셋째, 적극적이고 전략적인 이민정책을 추진해야 한다. 단순 기능인력 유입이 아닌, 고급기술인력·청년 유학생·글로벌 전문인력 중심의 이민제도를 통해 노동력의 다양성과 지속가능성을 확보해야 한다. 이를 위해 이민자 정착지원, 교육, 언어, 사회통합 시스템이 뒷받침되어야 한다.

넷째, 고령화 대응 산업을 성장 산업으로 육성해야 한다. 요양·재활·헬스케어·실버테크 등 고령층의 수요를 기반으로 한 신산업을 전략적으로 육성하고, ICT 기술과 접목해 고부가가치화해야 한다.

다섯째, 재정구조와 복지제도의 지속가능성을 확보해야 한다. 국민연금 개혁, 건강보험 재정 개편, 장기요양보험의 지출 효율화 등 고령화에 따른 재정 압박을 해소할 구조조정이 필요하다. 단기적 인기보다 장기적 합리성을 우선해야 한다.

한국 사회는 지금, 인구구조 변화가 가져올 경제 지형의 변화를 예측하고 설계할 마지막 기회를 맞이하고 있다. 사람 수가 줄어드는 사회에서는 사람의 가능성과 시스템의 효율성을 극대화하는 방식으로만 지속 가능한 성장이 가능하다.

06
부동산 중심의
부의 축적 구조

부동산이 만든 불균형 성장의 민낯

한국 사회에서 부동산은 단순한 '주거 수단'을 넘어 '부의 축적 도구'로 기능해 왔다. 특히 수도권 아파트를 중심으로 한 주택 시장은 지난 20년간 폭발적인 가격 상승을 겪으며 자산 양극화의 핵심축으로 자리 잡았다.

2024년 현재 서울의 평균 아파트 가격은 12억 원을 상회하고, 강남권의 30평형대 아파트는 25억 원에 달한다. 반면, 지방 중소도시는 인구 감소와 경기 침체로 부동산 가격 하락과 미분양 사태에 시달리고 있다.

이처럼 특정 지역, 특정 자산에 부가 집중되는 구조는 단지 불평등의 문제에 그치지 않고 경제 성장의 왜곡을 불러온다. 자산 보유자의 부는 불로소득을 통해 계속 늘어나지만, 비보유자의 자산 형성 경로는 막힌다. 결과적으로 소비와 투자에서의 위축, 계층 간 이동성의 단절이라는 성장 제약 요인으로 작용한다.

또한, 부동산은 경제 전체의 자본 배분 구조를 변화시킨다. 자금이 생산이 아닌 투기성 자산으로 쏠리면서 실물경제는 외면받고, 금융·건설·가계부채 중심의 성장 구조가 고착화된다. 이는 한국 경제의 저성장·저효율·고위험 구조를 강화하는 주요 요인이다.

집이 '사는 공간'에서 '사는 수단'이 된 사회

한국에서 부동산은 단순한 소비재가 아니다. 그것은 투자수단이자 사회적 지위를 상징하는 자산이며, 심지어 결혼·교육·노후 등 삶의 모든 단계에 영향을 미치는 결정적 요인이다.

첫째, 청년세대의 자산 형성과 결혼·출산 결정에 절대적인 영향을 미친다. 높은 전세가와 월세 부담, 자가 마련의 어려움은 청년세대의 사회 진입을 지연시키고, 소비를 억제하며, 출산 기피의 간접적 원인이 된다.

둘째, 기성세대의 자산 격차는 부동산 보유 여부에 따라 갈린다. 서울 아파트 1채 보유자와 무주택자 사이의 순자산 차이는 수억 원에 달하며, 이는 곧바로 노후 대비 능력의 격차로 이어진다.

셋째, 부동산 투자에 따른 불로소득이 근로소득 대비 압도적으로 커졌다. 고위험을 감수하는 혁신 창업보다, 안정적이고 예측 가능한 부동산 투자에 자본이 몰리는 것은 당연한 수순이 되었다.

넷째, 교육과 부동산의 결합 구조가 더욱 심화되고 있다. '학군 좋은 곳에 있는 아파트'는 최고의 투자처이자 교육경쟁의 출발점이다. 이 구조는 부의 대물림과 기회의 불평등을 재생산한다.

결과적으로 부동산은 더 이상 삶의 수단이 아니라, 성장의 대안을 잠식하는 구조적 함정이 되었다. 이는 사회적 불만과 경제적 비효율을 동시에 유발한다.

부동산 주도 경제에서 생산 주도 경제로

저성장을 돌파하기 위해서는 부동산 중심의 자산·자금·성장 구조를 전환해야 한다. 단기적 시장 안정이 아닌, 장기적 체질 전환 전략이 필요하다.

첫째, 부동산 과잉투자 유인을 줄이는 세제 개편이 필요하다. 다주택자 규제 완화는 신중해야 하며, 보유세 강화와 실거래 기준의 양도세 체계로 불로소득 과세를 강화해야 한다. '사는 것보다 버는 게 더 쉬운 시장'을 끝내야 한다.

둘째, 실수요 중심의 주거정책으로 전환해야 한다. 주택 공급은 수도권 중심의 고밀도 공급과 공공임대주택 확대, 청년·신혼부부 대상 주거 사다리 구축 등으로 전환되어야 한다. 주거는 복지이자 생산 기반이다.

셋째, 금융의 부동산 쏠림을 제어하고 생산부문으로의 흐름을 유도해야 한다. 주택담보대출 비중을 일정 수준 이하로 관리하고, 기술기반 창업·중소기업 투자에 대한 금융 인센티브를 강화해야 한다.

넷째, 지역 간 자산 격차를 줄이는 정책이 병행되어야 한다. 수도권-지방 간 불균형을 해소하지 않고서는 부동산 구조 왜곡도 개선되지 않는다. 지방 거점도시 중심의 스마트도시, 산업기반, 주거·교통 인프라 확충이 필요하다.

다섯째, 부동산 소득과 자산의 투명한 공개와 사회 환원 구조 마련이 필요하다. 공시가격 현실화, 재건축이익 환수, 토지공개념 도입 등의 방식으로 공공성과 시장성을 균형 있게 조화시켜야 한다.

이제 우리는 묻고 대답해야 한다. "당신의 부는 어디에서 왔는가?" 그리고 "그 부는 사회 전체를 풍요롭게 만들고 있는가?"라는 질문에 부끄럽지 않은 구조를 만들어야 한다.

부동산으로 부를 축적하는 구조는 더 이상 지속 가능하지 않다. 성장 중심 자산 구조, 생산 기반 자본 배분, 기회균등 기반 사회 설계로의 전환 없이는 저성장의 늪에서 벗어날 수 없다.

기술 추격에서
기술 선도국으로의 이행 실패

한국은 '추격형 경제'의 기적을 이뤘다

한국의 경제 성장은 전후 세계사에서 유례없는 사례로 꼽힌다. 1960년대 1인당 GDP가 100달러 수준이던 국가가 반세기 만에 3만 달러를 넘어섰고, 자동차·반도체·조선·디스플레이·휴대폰 등 주요 제조업 분야에서 세계 상위권으로 도약했다.

이 기적은 '기술 추격형 전략'을 기반으로 만들어졌다. 선진국의 기술을 빠르게 모방하고, 내재화하며, 가격과 품질에서 경쟁하는 전략은 제조업 중심 한국 경제에 잘 맞아떨어졌다. 대기업 주도의 수직적 공급망, 정부 주도의 산업 육성 정책, 수출 중심 시장전략이 합쳐져 압축 성장의 엔진이 되었다.

그러나 기술 추격 전략은 한계가 명확하다. 모방이 가능한 시기에는 빠르게 따라잡을 수 있지만, 기술 프론티어에 도달한 순간부터는 다른 규칙의 게임이 시작된다. 이제는 기술을 스스로 창출하고 시장을 주도해야 하는 시대가 되었으나, 한국은 여전히 '추격형의 관성'에서 벗어나지 못하고 있다.

  이러한 구조적 한계가 성장의 동력 저하, 신산업의 부진, 스타트업의 자생력 부족이라는 문제로 이어지며, 저성장의 깊은 뿌리를 형성하고 있다.

'기술 선도국'으로의 전환, 왜 실패했나

  한국은 반도체, 디스플레이, 배터리 등 일부 분야에서 '초격차' 전략을 펼쳐 세계 시장을 선도하고 있는 것처럼 보인다. 그러나 실상을 들여다보면, 여전히 소수 대기업 중심의 협소한 기술 리더십에 머무르고 있고, 산업 전반의 기술 자립력과 창의적 혁신 역량은 기대에 못 미친다.

  첫째, 독립적 기술 창출 역량이 약하다. 한국은 오랫동안 해외 특허를 기반으로 기술을 도입하고, 이를 생산성 향상과 원가 절감에 활용해왔다. 그러나 근본적인 원천 기술, 기초과학, 플랫폼 기술에 대한 투자와 축적은 미흡했다. R&D 투자는 많으나 창의성과 파괴력은 낮은 '양적 비효율'이 문제다.

  둘째, 기술 정책이 '모방-확산형'에 머물러 있다. 정부의 연구개발 정책은 여전히 연구비 분배 중심, 단기 과제 중심, 정량 실적 중심이다. 도전적 연구나 실패 가능성이 있는 과제는 외면되고,

연구자는 논문과 평가 점수에 집중한다. 이는 결과적으로 '성실한 실패'가 아닌 '무난한 성공'을 추구하는 문화를 양산한다.

셋째, 창업 생태계와 연결되지 않는다. 기술기반 스타트업이 성장하기 위해선 기술-자본-시장-인재의 연쇄 작용이 필요하다. 그러나 한국은 대학·정부출연연·기업의 연구성과가 시장과 단절돼 있고, 창업 생태계는 여전히 투기 중심, 모방 중심, 유행 중심에 머물러 있다. 이는 혁신의 산업화 실패로 직결된다.

넷째, 글로벌 기술 네트워크에서 주도권이 없다. 기술은 더 이상 국내에서만 개발되는 것이 아니다. 글로벌 협력, 표준 경쟁, 국제 연구 공동체 참여가 필수적이다. 하지만 한국은 여전히 글로벌 기술 생태계의 '주도국'이 아닌 '참여자'에 머물러 있다.

이처럼 '선도형 국가'로 이행하는 데 실패한 결과, 한국은 고부가가치 산업의 주도권 확보에 실패했고, 성장의 질은 낮아지고, 신성장 동력은 지체되고, 청년층의 기술기반 일자리 기회도 줄어들고 있다. 저성장은 기술 추격의 성공이 아니라, 기술 선도의 실패에서 비롯된 구조적 문제다.

기술 선도국가로 가기 위한 전략적 대전환

이제는 과거의 추격형 프레임을 벗어나야 한다. 기술을 소비하고 모방하는 나라가 아니라, 기술을 설계하고 개척하는 나라로의 전략적 전환이 필요하다. 다음은 그 핵심 방향들이다.

첫째, 기초과학과 원천 기술에 대한 국가 차원의 투자 확대다. 국가 R&D 전략을 단기성과 중심에서 벗어나 기초·원천 분야의 10년 투자계획으로 전환해야 한다. 물리학·수학·생명과학·양자기술 등 핵심 영역에 장기적 투자를 통해 국내 기술의 '씨앗'을 심는 구조로 바꿔야 한다.

둘째, 실패를 허용하는 연구 환경 조성이다. 기술 선도는 모험과 도전이 필요하다. 실패를 비용이 아니라 학습의 과정으로 인정하는 R&D 문화가 필요하다. 평가 기준은 결과 중심이 아니라 기획의 창의성, 시도 과정의 독창성, 기술 파급 가능성을 반영해야 한다.

셋째, 기술-창업-시장 간 연계 생태계 구축이다. 대학과 정부출연연의 연구성과가 스타트업으로 이어지는 구조를 촘촘히 설계해야 한다. 기술 사업화 중간기관, 기술금융 플랫폼, 실험실 창업 지원, 공공조달 연계 등 기술이 산업과 시장으로 나아갈 수 있는 다리를 만들어야 한다.

넷째, 글로벌 기술 협력 네트워크의 주도국으로 진입이다. 한국이 기술 표준, 국제 컨소시엄, 다자 연구 프로젝트에서 의사결정권을 갖는 국가가 되기 위해서는 글로벌 파트너십 전략이 필요하다. 이를 위해 외교, 교육, 과학기술 정책이 통합적 전략 아래 연계되어야 한다.

다섯째, 기술 인재에 대한 전방위적 혁신이다. 초등교육부터 대학교육, 평생교육에 이르기까지 기초과학과 컴퓨팅 사고력, 융합 문제 해결 능력을 키우는 커리큘럼 혁신이 시급하다. 동시에 연구자의 처우 개선, 우수인력 유치, 민간-공공 교차 인력 시스템 등을 통해 기술인재가 성장하고 순환하는 구조를 만들어야 한다.

기술 선도는 선택이 아니라 생존이다. 기술이 이끄는 사회, 기술이 설계하는 정책, 기술이 형성하는 산업구조로의 대전환 없이 한국은 다시 과거의 추격국으로 되돌아갈 수밖에 없다.

내수와 수출,
양날의 구조 불균형

수출 중심 성장, 이젠 균형이 필요하다

한국 경제는 '수출로 먹고사는 나라'다. GDP 대비 수출 비중은 40%를 웃돌며, 글로벌 시장의 경기 변화에 따라 국내 경제가 크게 출렁인다. 반도체, 자동차, 배터리, 조선 등 제조업 중심의 수출 산업은 경제의 핵심 성장동력이자 고용·투자·연구개발의 중추 역할을 해왔다.

수출은 경제의 고속 성장기에 외화 확보와 기술 도입, 산업화 추진을 위한 최적의 선택지였다. 대외 지향적 전략은 외환위기 이후에도 한국의 회복 탄력성을 높여주었고, 글로벌 가치사슬(GVC) 내 위상을 강화하는 데 기여했다.

그러나 최근 들어 이 수출 중심 모델이 한국 경제의 구조적 불균형과 취약성의 원인으로 지목되고 있다. 수출과 내수 사이의 극단적 비대칭, 대기업과 중소기업의 수익성 격차, 산업구조의 집중화, 그리고 글로벌 경기변동에 대한 과도한 민감도가 저성장의 그림자를 짙게 만들고 있다.

과거의 수출 중심 전략이 성장의 엔진이었다면, 지금의 수출 의존 구조는 균형을 잃은 양날의 칼이 되었다. 경제 회복의 동력도, 불안정성의 진원지도 모두 수출에 집중된 이 구조 속에서 내수의 왜소화, 소비의 위축, 서비스업의 침체가 고착되고 있다.

내수의 왜소화와 구조적 비효율

한국의 내수 부진은 단기 소비 침체가 아니라 장기적 구조적 약점이다. 가계의 실질소득 정체, 자산 양극화, 인구 고령화, 자영업 포화 등 다양한 요소가 복합적으로 얽혀 국내 소비와 투자의 활력을 저하시킨다.

첫째, 소비의 기반인 가계의 구매력이 약화되고 있다. 2010년대 이후 가계부채는 지속적으로 증가했고, 주거비·교육비·의료비 부담은 높아졌다. 실질임금 정체 속에 가계는 소비보다는 생존을 우선하는 구조로 전환되고 있다.

둘째, 내수를 담당해야 할 자영업과 서비스업이 취약하다. 자영업 비중은 OECD 평균보다 높지만, 생산성은 낮고, 경쟁은 과밀하며, 구조조정도 미진하다. 특히 도소매·숙박·음식업 중심의 내수 생태계는 부가가치 창출력이 낮고 고용의 질도 떨어진다.

셋째, 내수 진작을 위한 정부 정책이 일회성에 머물고 있다. 재난지원금, 상품권, 소비쿠폰 등은 단기 부양에는 효과가 있으나 장기 소비 확대에는 한계가 있다. 소비세 체계, 유통망 개편, 소비자 신뢰도 제고 같은 구조적 접근은 부족하다.

넷째, 내수와 수출을 연계하는 정책 설계가 미흡하다. 수출기업의 국내 투자와 고용 유도, 해외 시장 공략과 연계된 지역 상권 육성, 수출 인프라와 내수 유통망의 공유 같은 전략적 시너지를 창출하는 정책이 거의 존재하지 않는다.

그 결과, 한국 경제는 수출이 활황일 때에도 내수는 정체되고, 수출이 위축될 때에는 소비와 고용이 동시에 위축되는 이중 고립 구조에 빠져 있다. 성장의 기반이 외부에 편중된 경제는 언제나 불안정성이라는 약점을 안고 가야 한다.

내수-수출 균형 구조로의 전환 전략

저성장의 돌파구는 수출을 줄이는 것이 아니라, 내수와 수출이 균형을 이루는 다중 구조의 경제로 전환하는 데 있다. 다음의 다섯 가지 전략은 한국 경제의 '한쪽 날개'에 의존해온 구조를 바로잡는 방향이다.

첫째, 내수 산업의 고부가가치화다. 관광, 헬스케어, 교육, 콘텐츠, 문화, 친환경 라이프스타일 등 서비스업 내 고부가가치 산업에 대한 투자 확대와 제도 정비가 필요하다. 중소형 프랜차이즈, 플랫폼 창업, B2C 데이터 기반 내수 산업에 대한 맞춤형 정책지원과 금융 연계도 강화돼야 한다.

둘째, 중소기업·자영업의 구조 전환이다. 생계형 자영업에서 법인화·전문화·브랜드화로의 업그레이드 전략이 필요하다. 이를 위해 상권 재생, 디지털 전환 지원, 상생 협력 플랫폼 구축, 지역 상권 보증제도 등이 종합적으로 설계되어야 한다.

셋째, 가계의 소비 여력 회복이다. 주거비와 교육비 경감, 노동시장 개선, 소득세 감면 등 가처분소득 확대 정책이 병행돼야 한다. 특히 청년층·신혼부부·노년층 등 소비 여력이 위축된 계층에 대한 타겟형 소비 진작 정책이 필요하다.

넷째, 수출의 내수 파급력 확대다. 글로벌 대기업 중심의 수출 구조에서 벗어나, 수출 중소기업 육성, 중간재의 국내 공급망 강화, 내수시장과 수출상품의 연동 전략이 필요하다. 예컨대, 수출용 기술을 국내 서비스 산업에도 적용할 수 있는 '리버스 이노베이션'도 고려할 수 있다.

다섯째, 지역 내수 경제의 자립 기반 구축이다. 지방 소도시의 내수 회복이 국가 내수 회복의 출발점이다. 이를 위해 지역화폐의 기능 전환, 지역 브랜드 산업 육성, 로컬 관광과 문화 연계, 농식품 유통 혁신 등 지역 내 소비 선순환 체계가 필요하다.

이러한 전략들은 단순히 내수 부양에 그치지 않는다. 그것은 국내 경제의 자립성과 회복력을 강화하는 전략이며, 수출 의존 경제의 외풍을 막아주는 안정장치다. 성장의 엔진을 '외부'에만 두지 않고, '국민'과 '시장' 안으로 다시 가져오는 것, 그것이 저성장의 구조를 바꾸는 첫걸음이다.

09
노동시장의 이중 구조와 청년실업

일자리 부족이 아닌, 기회의 불균형

한국 사회의 고질적 병목 현상 중 하나는 '일자리는 많은데, 청년은 일하지 못하는' 역설적인 구조다. 통계청에 따르면 2024년 기준 실업률은 3%대지만 청년층 체감 실업률은 20%에 육박한다. 이는 단지 일자리 숫자의 문제가 아니라, 일자리의 질과 구조가 기회의 문을 막고 있다는 것을 시사한다.

노동시장의 이중 구조는 오랫동안 지적돼 온 문제다. 정규직과 비정규직, 대기업과 중소기업, 정규교육 이수자와 비전형 노동자 간의 임금, 고용 안정성, 복지 수준, 커리어 전망의 격차가 너무 크다. 그 결과 청년은 대기업·공기업·공무원에 몰리고, 나머지 다수의 일자리는 선택받지 못한 '보류 구역'으로 전락하고 있다.

청년실업은 단순히 '일을 구하지 못한 사람'이 아니라, 자신이 원하는 수준의 일자리를 찾을 수 없는 구조 속에 갇힌 세대의 문제다. 이는 개인의 실패가 아니라 시스템의 실패, 곧 경제의 실패다. 그리고 이 구조적 실패는 생산성 저하, 소비 위축, 저출생 심화, 계층 고착화로 이어져 한국 경제의 장기 성장잠재력을 갉아먹고 있다.

왜곡된 노동시장, 청년을 밀어낸다

한국의 노동시장은 구조적으로 '이중 구조'다. 한쪽은 정규직·대기업 중심의 고소득·고안정 일자리이고, 다른 한쪽은 중소기업·비정규직·플랫폼 기반의 불안정·저임금 일자리다. 이 둘 사이의 간극은 시간이 갈수록 더 벌어지고 있다.

첫째, 진입 장벽이 너무 높다. 대기업·공기업 정규직 일자리는 청년들이 선호하지만, 스펙 경쟁과 학벌 중심 채용 구조, 필기시험 중심의 채용 체계는 실무 역량이나 잠재력을 고려하지 않는다. 이는 교육 왜곡과 입시 스트레스로 이어지고, 탈락자의 좌절감을 증폭시킨다.

둘째, 중소기업 일자리의 질이 낮다. 국내 중소기업의 평균 임금은 대기업의 60% 수준에 불과하고, 복지나 경력 개발 체계도 미흡하다. 청년은 "억지로 들어갔다가 금세 그만두는 일자리"라고 인식하며, 결과적으로 중소기업은 '회전문'이 된다.

셋째, 비정규직과 플랫폼 노동의 확산이 불안을 키운다. 배달·대리운전·온라인 콘텐츠 제작 등 비형식 노동은 유연하나 보호장치는 부족하다. 이들은 국민연금, 고용보험, 산재보험 등 기본적 사회보장망에서 배제되거나, 형식상 가입에도 실질적 혜택을 받기 어렵다.

넷째, 일자리 이동과 재도전이 어렵다. 한국 노동시장은 폐쇄적이다. 첫 직장에서 경력이 단절되면 재취업이 어렵고, 경로 전환의 기회가 제한된다. 이는 '한 번의 선택이 모든 미래를 결정짓는' 구조를 낳아, 청년에게 더 큰 부담을 준다.

이처럼 노동시장은 높은 문턱과 얕은 품질, 폐쇄성이라는 세 가지 특징 속에서 청년을 체계적으로 밀어내는 시스템으로 작동하고 있다. '일을 하고 싶지 않다'는 게 아니라, '할 만한 일이 없다'는 절망이 청년 실업의 본질이다.

청년이 다시 일할 수 있는 구조를 만들려면

저성장을 극복하려면 청년이 노동시장에 안착하고, 역량을 발휘할 수 있는 구조적 대수선이 필요하다. 다음은 그 출발점이 될 다섯 가지 전략이다.

첫째, 정규직과 비정규직 간 격차 축소다. 동일노동 동일임금 원칙의 법제화, 비정규직의 정규직 전환 유도, 기간제·파견제 남용에 대한 실효적 규제가 필요하다. 정규직 고용을 제한하는 것이 아니라, 전체 일자리의 질을 상향 평준화하는 방향으로 정책을 전환해야 한다.

둘째, 중소기업 고용 매력도 제고다. 중소기업에 대한 세제 혜택, 임금 보조, 인재 매칭 시스템, 산학협력 강화 등을 통해 '가고 싶은 중소기업'을 만드는 구조 개편이 필요하다. 중소기업도 브랜드이고, 커리어가 될 수 있어야 한다.

셋째, 채용 시스템의 혁신이다. 공공과 민간을 포함해 학벌·스펙 중심의 정형화된 채용에서 벗어나, 직무역량 기반의 채용으로 전환해야 한다. AI·직무 테스트·현장 평가 등 다양한 방식의 역량 평가와 함께, 열린 채용·블라인드 채용의 확산이 필요하다.

넷째, 청년 경력설계 생태계 구축이다. 첫 일자리 이후에도 다양한 진로 탐색과 직무 전환이 가능하도록, 재교육·직업훈련·전환 지원 프로그램을 정비해야 한다. 직업이 바뀌는 시대에는 커리어 설계도 평생 유연해야 한다.

다섯째, 플랫폼 노동의 제도화와 보호장치 마련이다. 플랫폼 노동자는 더 이상 예외적인 존재가 아니다. 이들을 위한 고용보험·산재보험 확대, 표준계약서 제도화, 알고리즘 투명성 확보, 플랫폼 사용자와 기업 간의 공정 계약 구조 설계가 시급하다.

이러한 변화는 단순히 청년을 위한 것이 아니라 노동시장의 역동성을 회복하고, 경제에 지속적인 활력을 불어넣기 위한 투자다. 청년이 다시 일할 수 있어야 한국 경제도 다시 움직일 수 있다.

10. 정치·사회 갈등과 사회자본의 붕괴

신뢰 없는 사회, 성장은 멈춘다

경제 성장은 자본과 노동, 기술만으로 이뤄지지 않는다. 이 모든 요소를 연결하고 움직이게 하며 지속 가능하게 만드는 보이지 않는 힘, 바로 '사회자본(Social Capital)'이 필요하다. 신뢰, 협력, 규범, 공동체 의식은 시장의 효율성만큼이나 경제의 회복력과 생산성을 결정짓는 핵심 인프라다.

하지만 지금 한국 사회는 신뢰가 무너진 사회, 협력보다 분열이 앞서는 사회로 흘러가고 있다. 정당 간의 정쟁, 세대 간의 불신, 계층 간의 분열, 지역 간의 단절, 성별 갈등, 이념 대립이 일상의 모든 대화와 관계를 갈라놓고 있다.

정치는 국민을 통합하지 못하고, 언론은 혐오와 분열을 증폭시키며, 온라인 공간은 공격과 냉소가 일상화되었다. 이런 사회에서 경제는 결코 건강하게 움직일 수 없다. 투자자는 불확실성에 움츠러들고, 기업은 규제를 우회하는 데 집중하며, 시민은 소비보다

자산 방어에 나선다.

사회자본이 붕괴된 국가는 성장의 동력을 잃는다. 그리고 지금 한국은 그 위태로운 경계선에 서 있다.

정치와 사회, 갈등을 구조화하다

갈등은 민주주의 사회에서 자연스러운 현상이지만, 갈등을 조정할 수 없는 구조가 되면 그것은 분열이 된다. 지금 한국 사회는 그 조정 능력을 상실해가고 있다. 정치, 언론, 제도, 시민사회가 사회적 접착제 역할을 제대로 하지 못하고, 오히려 분열을 키우는 방식으로 작동하고 있다.

첫째, 정치는 대화의 공간이 아니라 전투의 무대가 됐다. 여야는 합의보다 반대를, 정책보다 프레임 싸움을 택하고 있다. 법안은 정쟁에 발목 잡히고, 정책은 선거용 이벤트로 소비된다. 정당의 존재 목적이 국민 대변이 아닌, 상대방 저지로 축소되고 있다.

둘째, 언론과 SNS는 갈등을 증폭하는 메커니즘이 됐다. 선정적 이슈, 과장된 보도, 감정적 언어가 혐오와 극단화의 증식 경로가 되고 있다. 알고리즘 기반 뉴스 소비 구조는 서로 다른 집단이 상호 이해가 아닌 단절의 공간에 갇히게 만든다.

셋째, 사회 제도가 갈등 조정 기능을 상실하고 있다. 노동과 경영, 시민과 경찰, 소비자와 기업, 환자와 의료계 등 이해관계 충돌의 현장에서 조정 기제가 약화되고 있다. 중재와 협상보다는, 소송과 집단행동이 먼저 등장하는 구조다.

넷째, 갈등이 정체성과 연결되면서 감정화되고 있다. 남녀, 세대, 지역, 이념 간의 차이는 정책적 문제이자 문화적 갈등으로 비화된다. 이는 '다름'을 인정하지 않는 사회를 만들며, 공동체 의식을 파괴하는 방향으로 흘러간다.

정치적 갈등과 사회적 분열은 결국 시장에 대한 신뢰 상실, 정책에 대한 저항 강화, 공공재 투자의 효율 저하로 이어지며, 결과적으로 성장의 토대를 흔든다.

사회자본을 복원하는 다섯 가지 국가 전략

사회자본은 GDP로 측정되지 않으나, 경제의 윤활유이자 민주주의의 기반이다. 그것이 무너지면 규제는 늘고, 신뢰는 줄며, 성장은 멈춘다. 이제는 경제정책만큼이나 '사회적 신뢰 회복 정책'이 중요한 시점이다. 다음은 사회자본을 복원하기 위한 다섯 가지 전략이다.

첫째, 정치 개혁을 통해 공론장을 복원해야 한다. 정당 중심 정치구조의 폐쇄성을 열고, 비례대표 확대, 선거제 개편, 국민참여형 입법 시스템, 국회 윤리위 상설화 등을 통해 정치를 국민과 연결하고, 갈등을 조정하는 제도로 회복해야 한다.

둘째, 미디어 책임성과 공론의 질을 높여야 한다. 공영방송의 독립성 강화, 인터넷 포털의 뉴스 편집 책임 부과, 가짜뉴스 대응법 제정 등으로 정보 유통구조의 공공성을 회복해야 한다. 동시에, 뉴스 리터러시 교육 확대, 시민 미디어 공간 조성 등을 통해 정보 소비의 질도 향상시켜야 한다.

셋째, 갈등 조정 인프라를 제도화해야 한다. 노사관계, 환경 갈등, 개발 갈등, 직능·직역 갈등 등에 대해 중립적 조정 기구를 상설화하고, 시민배심원제, 합의제 위원회, 조정센터 등 합법적·비폭력적 해결 구조를 강화해야 한다. 갈등이 폭발하기 전에 조정될 수 있는 완충 장치가 필요하다.

넷째, 공동체 기반을 회복하고 시민교육을 강화해야 한다. 지역사회 돌봄, 마을공동체 복원, 시민학교·민주시민 교육 확대를 통해 시민성을 강화하고, 타인과 공존하는 삶의 기술을 회복해야 한다. 공공 도서관·문화센터·커뮤니티 시설의 거점화를 통해 실질적 만남의 공간도 만들어야 한다.

다섯째, 정책 설계에서 '공감과 포용'의 원칙을 확대해야 한다. 기획 단계부터 다양한 계층의 의견을 반영하고, 정책 효과에 대한 사전 영향평가(SIA, Social Impact Assessment)도입을 통해 갈등 유발 가능성을 최소화해야 한다. 정책의 성공은 정책의 타당성보다 수용성과 공정성에 달려 있다.

사회자본은 인프라 이상의 가치다. 그것은 공동체의 체온이고, 제도의 영혼이며, 경제의 안정장치다. 경제 성장을 말하기 전에, 우리는 먼저 사회적 신뢰를 회복해야 한다. 갈등을 조정하고, 공동체를 재건하는 구조적 개혁이야말로 저성장을 넘는 가장 깊은 근본 처방이다.

PART 3

기업, 혁신과 생산성의 재설계

한국 기업 생태계는 대기업 중심의 불균형 구조와 생산성 격차,
디지털 전환 지체 등의 한계에 직면해 있다.
중소기업의 경쟁력 강화, 혁신 생태계 확산, 상생 구조 정착을 통해
기업 전체의 생산성을 끌어올려야 하며,
이를 위해 규제 개혁과 인재 정책, 산업 전략의 재정비가 필요하다.

01
대기업-중소기업 간
생산성 격차 해소

한국 생산성 구조의 단면: 격차는 우연이 아니다

한국 경제의 대표적인 구조적 문제 중 하나는 바로 대기업과 중소기업 간 생산성 격차다. OECD 통계에 따르면 한국의 대기업과 중소기업 간 노동생산성 격차는 회원국 중 최상위권에 속한다. 이는 단순한 기업 규모의 차이나 경영 능력의 문제가 아니다. 자본, 인력, 기술, 시장 접근성, 정책지원 등 모든 측면에서 구조적 불균형이 누적된 결과다.

대기업은 고도화된 자동화 시스템과 인공지능, 글로벌 영업망과 브랜드 파워, 우수한 인재풀을 기반으로 생산성을 비약적으로 높여왔다. 반면, 중소기업은 인력난, 투자 여력 부족, 낮은 기술집약도, 한정된 유통망과 금융 접근성 속에서 동일 업종 내에서도 생산성이 대기업의 절반 혹은 그 이하에 머무는 경우가 다반사다.

그 결과 한국의 산업 전체는 양극화된 이중 구조를 보이며, 생산성의 총합은 낮고, 혁신의 확산은 더디다. 특히 대기업과 협력관계를 맺고 있는 1~3차 하청업체는 생산성뿐 아니라 수익성과 지속 가능성 측면에서도 장기적인 위축 구조에 빠져 있다. 이 문제를 해결하지 않고서는 한국 경제의 성장률 회복은커녕 산업 생태계의 지속성조차 담보할 수 없다.

격차의 악순환: 공정성, 혁신성, 지속 가능성의 저해

대기업과 중소기업 간 생산성 격차는 단지 경제적 양극화 문제를 넘어, 한국 경제의 혁신과 포용, 지속가능성을 가로막는 핵심 장애 요인이 되고 있다.

첫째, 공정한 경쟁의 기반이 무너진다. 대기업은 자금과 인력을 기반으로 기술을 사들이고 시장을 선점하며, 중소기업은 의존적 거래구조 속에서 원가 압박과 불공정 계약에 시달린다. 이는 중소기업의 기술개발 의지를 약화시키고 인재 유입을 차단하는 악순환으로 이어진다.

둘째, 산업 내 혁신이 특정 계층에만 집중된다. 한국의 R&D 투자 80% 이상이 대기업에 편중돼 있으며, 중소기업은 사업화 이전 단계에서조차 자금과 인력 확보에 어려움을 겪는다. 대기업은 글로벌 경쟁력을 갖추지만, 산업 전체의 혁신성은 취약한 상태로 남는다.

셋째, 사회적 불평등과 고용 불안정을 확대시킨다. 대기업 근로자는 안정적 고용과 높은 임금을 보장받는 반면, 중소기업 근로자는 낮은 임금과 불안정한 근로조건, 열악한 복지 속에 놓인다. 이는 청년층의 직업 선택과 중소기업 기피 현상으로 이어지고, 노동시장의 이중 구조를 심화시킨다.

이러한 격차는 결국 국가 전체의 총요소생산성(TFP)을 낮추고, 한국 경제의 회복 탄력성을 약화시킨다. 개별 기업의 문제를 넘어, 국가적 성장 전략 차원에서의 해결책이 시급하다.

상생 기반 생산성 혁신 전략으로 나아가야

대기업-중소기업 간 생산성 격차를 해소하기 위해서는 경쟁력의 평준화가 아닌, 생산성의 상향 평준화를 유도하는 상생 전략이 필요하다. 그 핵심은 다음과 같다.

첫째, 대기업과 중소기업 간 공정거래 질서 확립이 필요하다. 납품단가 연동제, 하도급 계약 표준화, 대금 지급의 투명성과 기한 준수, 기술 탈취 방지 장치 등 실질적인 법제화와 이행력 확보가 필수적이다. 공정위의 조사권 강화와 실질적 제재도 병행돼야 한다.

둘째, 협력형 혁신 생태계 조성이다. 공동 R&D 지원, 대-중소 공동 사업개발, 인력 교류 프로그램 등을 통해 기술과 인재, 경험이 양방향으로 흐를 수 있는 구조를 만들어야 한다. 특히 산업 클러스터 내 상생 모델을 제도화할 필요가 있다.

셋째, 중소기업의 디지털 전환과 자동화 투자 지원 확대다. 중소기업의 스마트공장 전환, AI·로봇 도입, 빅데이터 기반 생산관리 시스템 등은 단순 생산성 향상을 넘어 인재 확보와 업무 효율 개선으로 연결될 수 있다. 정부의 보조금, 융자, 컨설팅 지원이 실질적으로 연계돼야 한다.

넷째, 중소기업 맞춤형 인재정책도 필요하다. 청년 인턴제, 직무 기반 교육훈련, 지역대학 연계형 인력 양성 체계 등을 통해 중소기업의 구인난을 해소하고, 청년에게는 안정적 커리어 경로를 제공해야 한다.

다섯째, 생산성 향상 성과를 고용과 임금, 복지로 환류시키는 시스템이 뒷받침돼야 한다. 생산성 개선이 오로지 기업의 이윤으로 귀결되는 구조를 넘어, 근로자의 삶의 질 향상과 지역경제 활성화로 이어지는 선순환 고리를 형성해야 한다.

한국 경제가 다시 도약하려면 기업 전체의 생산성 기반이 견고해져야 한다. 특정 기업군만의 초격차 전략은 전체 산업의 성장을 담보하지 못한다. 상생과 공정, 기술과 인재의 공동 진화를 통해 대기업과 중소기업이 함께 혁신하는 구조로 전환할 때, 비로소 한국 경제는 새로운 활력을 되찾을 수 있다.

02
낡은 산업정책에서 미래 산업전략으로

산업정책의 유산, 변화에 저항하다

한국의 산업정책은 산업화 시대의 기적을 이끌어낸 중심축이었다. 1960~80년대 중화학공업 육성, 1990년대 정보통신 확산, 2000년대 초반 반도체·디스플레이·자동차의 글로벌 경쟁력 구축은 모두 정부 주도의 전략산업 선택과 집중에 기반했다.

그러나 그 성공 경험은 오늘날 한국 산업정책의 변화 지연과 경직성으로 이어지고 있다. 특정 대기업 중심의 정책, 공급자 위주의 지원 방식, 관(官) 주도의 산업 분류체계, 과거 수출입 중심의 사고방식은 디지털 대전환과 글로벌 공급망 재편, 기후위기라는 패러다임 전환에 대응하지 못하는 구조적 한계를 드러내고 있다.

특히 산업 간 경계가 허물어지고 융합이 가속화되는 현실에서, 전통 제조업과 디지털 산업, 녹색 산업 간 균형적 전략이 필요하지만, 한국의 정책은 여전히 과거 성장 경험의 경로 의존성(path dependence)에 묶여 있다. 낡은 산업정책의 관성과 미래산업 전략의 부재, 이것이 저성장의 또 다른 구조적 뿌리다.

현재 산업정책의 문제점: 비효율, 중복, 탈맥락

오늘날의 산업정책은 방향성뿐 아니라 정책 설계와 집행 방식에서도 구조적 문제를 드러낸다.

첫째, 중복과 단절의 문제다. 여러 부처가 각자의 산업을 관할하며 정책 간 충돌, 예산 중복, 지원 대상 중첩이 발생하고 있다. 부처 간 칸막이는 산업 간 융합과 통합 전략 수립을 가로막고 있다.

둘째, 공급자 중심의 정책 설계다. 기업의 수요와 시장의 흐름보다는 정부가 설정한 목표와 기준에 따라 산업을 규정하고 지원하는 방식은 기술과 시장 변화의 속도를 따라잡기 어렵다. 디지털·탄소중립·AI와 같은 기술기반 신산업은 선택보다 민첩한 적응이 필요한 영역이다.

셋째, 성과 중심의 평가체계 부재다. 대부분의 산업정책은 사업 수, 예산 집행률, 참여 기업 수를 성과로 간주하지만, 생산성 향상, 부가가치 증가, 시장 확장 기여도에 대한 실질적 평가는 부족하다. 이는 정책이 목표 달성이 아니라 집행 유지에 매몰되는 악순환을 낳는다.

넷째, 지역 산업전략과의 연결성 결핍이다. 중앙정부 중심의 산업전략은 지역의 특성과 자생력을 고려하지 않은 채 일률적으로 설계되며, 지방정부는 단순한 예산 수령자이자 실행 기구로 전락한다. 이로 인해 지역 균형발전과 산업 다양성 확보에 실패하고 있다.

이러한 문제들은 산업정책이 과거의 틀에서 벗어나지 못한 채 정책 자체가 낙후산업이 되는 아이러니를 만들어내고 있다.

미래 산업전략, 다섯 가지 혁신 방향

저성장을 극복하고 새로운 성장 모멘텀을 확보하기 위해서는 기존 산업정책의 틀을 넘어선 미래 산업전략이 필요하다. 다음의 다섯 가지 방향이 핵심이다.

첫째, 수요 기반 정책 설계로의 전환이 필요하다. 산업 진흥 정책은 공급자 중심에서 시장과 기술, 소비자 수요에 기반한 기획 체계로 재구성돼야 한다. 기업이 필요로 하는 지원과 생태계 조성에 집중하는 문제해결형 산업정책이 되어야 한다.

둘째, 산업 간 융합을 촉진하는 범부처 전략이 필요하다. 데이터·AI·에너지·바이오·모빌리티 등은 산업 단위가 아니라 문제 해결 단위로 접근해야 하며, 이를 위해 산업통상자원부, 과기정통부, 중소벤처기업부 등 관계 부처 간 공동 전략 기획과 예산 연계 구조가 필요하다.

셋째, 중소·중견기업 중심의 혁신 확산 전략이 필수다. 기술 선도 대기업에 대한 집중 지원에서 벗어나, 중소·중견기업의 기술 내재화와 디지털 전환, 글로벌 시장 진출을 지원하는 맞춤형 산업정책이 강화돼야 한다. 산업의 탄력성은 분산 구조에서 나온다.

넷째, 지역 기반 산업전략을 본격화해야 한다. 지역별 특화 산업 육성, 로컬 클러스터 강화, 지역 대학·연구소·기업 연계 생태계를 조성함으로써 중앙-지방의 수직적 구조를 수평적 협력 모델로 전환해야 한다.

다섯째, 산업정책 전반에 성과 기반 평가와 종료 시스템을 도입해야 한다. 지원사업의 성과 환류 시스템, 사후 효과 분석, 민간 평가 참여, 그리고 성과 없는 사업의 과감한 종료가 정책의 신뢰성과 효율성을 높인다.

산업정책은 더 이상 특정 산업을 지정해 키우는 방식이 아닌, 산업 전체의 생태계를 유연하게 조율하고, 빠르게 대응하며, 구조적으로 혁신할 수 있는 플랫폼 역할로 전환되어야 한다. 그것이 저성장의 고착화를 막고, 한국 경제에 새로운 성장 활력을 불어넣는 핵심 전략이 될 것이다.

디지털 전환,
말이 아닌 실행

디지털 전환, 구호만 난무하는 현실

'디지털 전환'은 이제 모든 산업과 기업 전략의 수식어가 되었다. 정부 정책, 기업 발표, 학계 연구에서조차 디지털이라는 단어는 필수처럼 등장한다. 그러나 정작 현장에서 체감되는 변화는 언어의 홍수에 비해 너무도 느리고 제한적이다. 디지털 전환이 일상어가 된 지는 오래이나, 실질적인 전환은 아직 초기 단계에 머무르고 있다.

특히 중소기업과 서비스업, 전통 제조업 분야는 여전히 문서 중심의 업무, 수기 회계, 단절된 생산·물류 시스템, 데이터 활용의 부재에 머무는 곳이 다수다. 정부는 수년 전부터 스마트공장, 클라우드 확산, 빅데이터 플랫폼 구축 등의 사업을 추진해왔으나, 일회성 시범사업 중심의 성과 과시형 지원에 그치거나, 기술 도입 이후 실질적 조직 변화와 인력 역량 강화로 이어지지 못하는 한계를 드러냈다.

디지털 전환은 단지 IT 장비를 구입하거나 소프트웨어를 설치하는 것을 의미하지 않는다. 기업의 조직, 전략, 문화, 업무 방식, 고객 접점까지 모든 영역을 혁신하는 전면적 체질 개선이어야 한다. 말만 무성하고 실행은 지지부진한 지금의 현실은 한국 산업 전반의 디지털 경쟁력을 약화시키는 요인으로 작용하고 있다.

왜 디지털 전환이 정착되지 못하는가

디지털 전환이 구호에 머무르고 있는 데에는 몇 가지 구조적 원인이 있다.

첫째, 기업 내부의 인식 부족이다. 많은 기업이 디지털 전환을 'IT 부서의 일' 또는 '일회성 프로젝트'로 인식하고 있다. 경영진의 주도 없이 실무자에게만 맡겨진 전환은 조직의 저항과 피로감만 키울 뿐, 성과로 이어지기 어렵다.

둘째, 인력과 역량 부족이다. 디지털 전환을 이끌 수 있는 데이터 분석가, 클라우드 전문가, AI 엔지니어, 디지털 기획자 등 핵심 인재는 절대적으로 부족하고, 중소기업에는 거의 부재하다. 외부 전문가를 활용해도 지속적인 내재화 없이 끝나는 경우가 많다.

셋째, 데이터의 단절성과 품질 문제다. 디지털 전환의 핵심은 데이터 기반 의사결정인데, 국내 다수 기업은 부서 간 데이터가 연결되지 않거나, 수집된 데이터가 정형화되지 않아 분석에 부적합하다. 데이터는 존재하지만, 활용되지 못하는 사각지대가 너무 많다.

넷째, 정부 지원정책의 단편성과 일관성 부족이다. 부처별로 다양한 지원 프로그램이 있으나, 홍보는 부족하고 절차는 복잡하며, 사후관리와 성과 환류는 미약하다. 결국 지원은 받았으나, 체계적인 전략이나 변화 관리 없이 도입만 이뤄지는 '보조금형 디지털화'로 전락하고 있다.

디지털 전환이 정착되지 않으면, 생산성 향상도 없고, 기술 변화에의 대응력도 떨어지며, 새로운 시장 진출의 기회도 놓치게 된다.

실행 중심 디지털 전략으로의 재설계

디지털 전환을 진정한 산업 혁신의 기제로 만들기 위해서는 다섯 가지 실행 중심 전략이 필요하다.

첫째, CEO와 경영진의 리더십을 강화해야 한다. 디지털은 기술이 아니라 경영 전략이다. 최고경영자가 디지털 전환을 조직의 핵심 의제로 삼고, 비전과 방향성을 명확히 설정하며, 전사적 자원 배분과 인센티브 구조를 뒷받침해야 한다.

둘째, 데이터 중심의 업무 혁신이 필요하다. 단순한 자동화나 전산화가 아니라, 데이터를 기반으로 의사결정을 내리는 구조를 내재화해야 한다. 이를 위해선 데이터 수집·정제·활용을 위한 사내 표준화 체계와 인프라 투자가 병행돼야 한다.

셋째, 디지털 인재의 확보와 재교육 체계를 강화해야 한다. 정부는 산업 맞춤형 디지털 훈련 체계, 지역 거점 디지털 인재 양성 센터, 현장 밀착형 재직자 교육 프로그램을 확대해야 한다. 기업은 외부 채용에 의존하기보다 내부 직무 전환과 장기 재교육을 병행해야 한다.

넷째, 중소기업을 위한 디지털 전환 플랫폼을 구축해야 한다. 개별 기업이 부담하기 어려운 기술과 인력을 클라우드 기반으로 공유하고, AI·ERP·물류·고객관리 등 핵심 기능을 모듈화하여 접근성을 높인 공공-민간 연계 플랫폼이 필요하다.

다섯째, 정부의 지원은 단기 보조금이 아니라 장기적 변화 관리를 지원하는 방향으로 전환해야 한다. 컨설팅, 전략 수립, 인력 양성, 성과 분석까지 디지털 전환 전주기를 통합 관리하는 패키지형 지원 구조가 필요하며, 성과 평가와 사례 공유 체계도 병행돼야 한다.

디지털 전환은 말로 되는 것이 아니다. 그것은 조직의 철학과 문화, 전략과 시스템, 사람과 기술이 통합적으로 움직일 때 비로소 현실이 된다. 이제는 구호를 넘어 실행으로, 시범을 넘어 확산으로, 부분을 넘어 전사 혁신으로 나아가야 한다. 한국 산업의 다음 성장은 디지털 실행력에 달려 있다.

04
유니콘 육성보다
생태계 전반 혁신

유니콘 환상에 가려진 현실의 생태계

스타트업 생태계를 육성하는 데 있어 한국은 '유니콘 기업 수'를 핵심 성과지표로 삼아왔다. 유니콘 기업이란 기업가치 1조 원(10억 달러) 이상, 비상장 스타트업을 뜻한다. 정부는 유니콘 수의 증가를 창업 활성화와 혁신 역량의 상징으로 해석하며, 다양한 지원정책을 집중해왔다.

실제로 2024년 기준, 한국의 유니콘 기업 수는 20곳을 넘겼고 이는 세계 10위권에 해당하는 성과다. 하지만 이 수치 뒤에는 스타트업 전체 생태계의 취약성과 불균형이 가려져 있다. 유니콘이 몇 곳 생겨났다고 해서 생태계 전체가 건강해졌다고 보기는 어렵다.

오히려 자금이 소수의 유망 기업에 집중되고, 창업 초기에 필수적인 인프라와 네트워크는 여전히 미비하다. 죽음의 계곡(Death Valley)을 넘지 못하는 창업기업이 대다수이며, 생존율은 OECD 평균에도 못 미친다. 성공의 스포트라이트에 가려진 수많은 실패와 포기, 퇴장하는 창업가들의 목소리는 정책에서 배제되어 왔다.

스타트업 육성의 핵심은 소수의 유니콘이 아니라 다수의 혁신기업이 지속 가능하게 성장할 수 있는 생태계의 조성이다.

왜 생태계는 건강하지 못한가

한국의 창업 생태계가 지속적이고 균형 있게 발전하지 못하는 데에는 구조적 문제들이 산재해 있다.

첫째, 초기 창업 단계의 지원이 부족하다. 기술창업을 위한 실험 공간, 테스트베드, 시제품 제작 인프라가 부족하고, 창업 초기 자금은 벤처캐피털보다 정부 보조금에 지나치게 의존하고 있다. 이는 민간 투자 활성화를 저해하는 요인으로 작용한다.

둘째, 회수 시장의 취약성이다. 코스닥 상장 요건의 경직성, M&A 문화의 미비, 중소기업 인수합병에 대한 사회적 거부감 등으로 인해 창업자의 성공적 출구(exit) 전략이 협소하다. 이는 유망 창업기업에 대한 초기 투자 유인을 떨어뜨린다.

셋째, 창업기업과 기존 산업 간 연계가 약하다. 대기업의 기술 수요와 스타트업의 기술 공급이 연계되지 못하고, 대-중소 협력 플랫폼이 형식에 그치고 있다. 공공기관의 기술 구매 제도조차 실효성이 떨어져, 스타트업의 레퍼런스 확보가 어렵다.

넷째, 지역 창업 생태계가 매우 취약하다. 대부분의 스타트업과 투자, 지원 인프라가 수도권에 집중되어 있으며, 지방의 청년과 기술인재가 창업을 시도하기에 제도적·사회적 기반이 미약하다.

다섯째, 실패에 대한 사회적 낙인과 법적 부담이 여전하다. 창업 실패 시 채무 책임이 과도하게 부과되고, 회생절차와 재도전 시스템은 여전히 경직돼 있다. 실패가 학습의 자산이 되지 못하는 생태계에서는 창업 자체가 기피 대상이 된다.

결국 유니콘만을 바라보는 정책은 창업의 다양성, 지역성과 연속성, 사회적 수용성을 저해하는 요소로 작용할 수 있다.

생태계 전반의 혁신을 위한 다섯 가지 방향

유니콘 육성보다 중요한 것은 창업-성장-회수-재도전의 전 주기 생태계가 유기적으로 작동하는 건강한 구조를 만드는 것이다. 이를 위한 전략은 다음과 같다.

첫째, 창업 초기 인프라와 자금 공급을 강화해야 한다. 시제품 제작소, 공공 테스트베드, 민간 공유 실험실, 크라우드펀딩 연계형 보조금 제도 등을 도입해 창업자가 빠르게 시장에 접근할 수 있도록 해야 한다. 초기 실패에 대한 완충 장치도 필요하다.

둘째, 회수 시장을 다변화하고 활성화해야 한다. 비상장 기업에 대한 전략적 M&A를 장려하고, 중소기업 간 인수합병에도 세제 혜택과 자금 지원을 확대해야 한다. 코스닥 상장 제도의 유연화, 성장기업 특례상장 확대 등도 병행되어야 한다.

셋째, 스타트업-중견기업-대기업 간 수요 기반의 기술 협력 플랫폼을 구축해야 한다. 대기업의 오픈 이노베이션을 유도하고, 정부는 공공조달을 통해 스타트업의 레퍼런스를 보장함으로써 시장 진입의 발판을 제공해야 한다.

넷째, 지역 기반 창업 생태계를 육성해야 한다. 지역 대학과 연계한 창업 교육 및 보육, 로컬 벤처펀드 설립, 지방 공공기관의 스타트업 기술 활용 의무화 등을 통해 지방에서도 지속 가능한 창업이 가능하도록 해야 한다.

다섯째, 실패 친화적 제도를 마련해야 한다. 창업 실패 시 채무 감면, 신용 회복, 패자부활 창업 지원 등 제도적 완충 장치를 확대하고, 창업 실패 경험이 다시 기업가정신으로 이어질 수 있는 문화적 기반을 만들어야 한다.

창업 정책의 핵심은 소수의 유니콘이 아니라 다수의 혁신기업이 실패를 두려워하지 않고 도전하고, 실패해도 다시 시작할 수 있는 생태계에 있다. 생태계의 두께와 다양성이야말로 진정한 성장의 토양이다. 이제는 겉보기가 아닌 기반을 바꿔야 할 때다.

05
플랫폼 기업 규제와
공정경쟁 질서

플랫폼, 혁신인가 독점인가

　디지털 경제 시대, 플랫폼은 새로운 산업의 핵심 기반이자 경쟁력의 원천으로 부상했다. 소비자와 생산자를 연결하고, 정보 흐름과 거래를 매개하며, 수많은 부가가치 활동이 이뤄지는 플랫폼은 경제 전체의 구조를 재편하는 중추가 되었다. 네이버, 카카오, 배달의민족, 쿠팡, 당근마켓 등은 이제 단순한 스타트업을 넘어 거대한 생태계를 지배하는 규칙 설정자가 되었다.

　그러나 이들이 지닌 막강한 영향력은 혁신의 동력인 동시에 공정경쟁을 훼손하는 구조로 작동하기 시작했다. 알고리즘 조작, 수수료 갑질, 거래상 지위 남용, 유사 서비스 진입 차단, 이용자 정보 독점 등의 문제가 사회적 이슈로 부상하면서 플랫폼 기업에 대한 규제 정당성은 급격히 높아지고 있다.

　플랫폼은 그 성격상 규모의 경제와 네트워크 효과를 지니기 때문에, 초기 시장을 선점한 기업이 압도적인 시장 지배력을 형성하기 쉽다. 이 구조는 혁신적 창업의 기회를 줄이고, 중소상공인의 의존도를 키우며, 장기적으로 경제의 다양성과 경쟁의 질을 저하시킨다.

플랫폼이 지속 가능한 산업으로 성장하려면, 규제와 자율, 혁신과 공정 사이의 균형점을 재설정해야 한다.

한국 플랫폼 생태계의 왜곡된 현실

현재 한국의 플랫폼 산업은 세계적인 속도로 성장하고 있으나 그 이면에는 시장 독점, 불공정 행위, 규제 사각지대라는 삼중의 왜곡 구조가 자리하고 있다.

첫째, 시장 집중도가 지나치게 높다. 검색, 메신저, 배달, 커머스, 중고거래 등 대부분의 플랫폼 시장은 2~3개 기업이 80% 이상의 점유율을 차지하고 있다. 이는 경쟁을 가로막고 후발 주자의 진입을 어렵게 하며, 서비스 혁신보다 시장 방어에 집중하는 폐쇄적 구조를 형성한다.

둘째, 거래상 지위 남용이 광범위하게 나타난다. 입점 수수료 인상, 광고비 강제, 가격 통제, 고객 정보의 독점적 활용 등은 소상공인과 창작자, 중소 공급자의 자율성을 위축시킨다. 특히 배달앱, 이커머스 플랫폼, 콘텐츠 플랫폼에서의 갑질 문제는 사회적 갈등을 유발하고 있다.

셋째, 규제 체계가 플랫폼 산업의 특성을 반영하지 못하고 있다. 기존 산업 기준에 맞춰져 있는 법제는 디지털 공간에서의 새로운 문제를 다루기에 부족하다. 플랫폼 기업의 알고리즘 투명성, 개인정보 활용 기준, 데이터 독점 방지책 등은 여전히 제도화되지 못한 채 방치되어 있다.

넷째, 정부 정책은 혁신 진흥과 규제 사이에서 일관성을 잃고 있다. 산업부, 과기정통부, 공정위, 방통위 등 부처별로 규제의 방향과 속도가 엇갈리고, 정책 대상의 정의조차 일치하지 않아 기업과 소비자 모두 혼란을 겪고 있다.

이러한 구조는 플랫폼을 단지 성장의 수단으로만 취급한 결과이며, 공정경쟁 질서가 무너진 상태에서는 플랫폼 산업의 지속가능성도 위태롭다.

공정한 플랫폼 생태계를 위한 제도적 재설계

플랫폼 산업의 지속가능성과 공정성을 동시에 확보하기 위한 정책 과제는 다음과 같다.

첫째, 플랫폼 전담 규제기관 혹은 통합 조정체계 마련이 필요하다. 현재의 분절된 부처 간 권한 구조로는 플랫폼의 융합적 특성과 신속한 변화에 효과적으로 대응할 수 없다. 공정경쟁, 개인정보, 미디어 규제 등을 포괄하는 플랫폼 통합 정책 컨트롤타워가 필요하다.

둘째, 거래 공정성 확보를 위한 입법 강화가 요구된다. 온라인플랫폼공정화법, 디지털시장법 제정 등을 통해 입점 업체 보호, 이용자 권익 보호, 수수료 투명화, 알고리즘 설명 의무화 등을 제도화해야 한다. 특히 중소사업자의 협상력 강화를 위한 단체교섭권 보장도 검토할 수 있다.

셋째, 데이터 경쟁 촉진을 위한 개방형 정책이 중요하다. 플랫폼이 축적한 이용자 리뷰, 가격, 수요 데이터 등을 일정 수준 공개하거나 공유할 수 있는 데이터 포터빌리티 제도, 공공 API 개방 정책을 통해 후발 기업의 진입 장벽을 낮춰야 한다.

넷째, 자율규제와 사회적 책임을 병행해야 한다. 플랫폼 기업이 스스로 공정거래 준칙, 콘텐츠 운영 기준, 개인정보 보호 체계를 수립하고 공개하며, 이에 대한 외부 감시와 협약 시스템을 구축해야 한다. 자율과 책임의 균형이 신뢰를 만든다.

다섯째, 소비자 권리 보호와 디지털 리터러시 교육 강화도 병행되어야 한다. 이용자의 정보 주권, 계약 취소권, 서비스 이탈권 보장 등을 포함하는 디지털 소비자 권리장전 제정과 함께, 청소년·고령자 대상의 플랫폼 이용 교육도 강화해야 한다.

플랫폼은 시대적 변화의 상징이자 기회다. 그러나 공정하지 않은 플랫폼은 기술이 아닌 권력이 된다. 지금 필요한 것은 성장을 막는 규제가 아니라, 지속 가능한 혁신을 가능하게 하는 질서다. 플랫폼의 혁신성과 사회적 책임, 개방성과 경쟁성 사이의 균형 위에 진정한 디지털 경제의 미래가 있다.

노동시장 유연화와
직무 중심 인사체계

고용 경직성, 한국 경제의 발목을 잡다

한국의 노동시장은 오랜 기간 경직성과 이중 구조라는 두 가지 문제에 시달려 왔다. 정규직 중심의 경직된 고용 시스템과 비정규직·플랫폼 노동 등 주변부 고용의 확산은 기업의 생산성 제고와 인력 재배치, 산업 전환을 가로막는 요인으로 작용해왔다.

특히 산업구조가 빠르게 바뀌고, 디지털 전환·친환경 전환 등으로 직무와 기술의 내용이 달라지는 상황에서, 정년·호봉·연공 중심의 고용체계는 인력 유연성과 혁신 역량을 제약하고 있다. 고용을 줄이지 못하는 기업은 투자에 소극적이며, 노동시장의 유연성이 낮을수록 청년의 신규 진입 문턱은 더 높아진다.

반면, 중소기업과 비정형 노동시장에서는 너무 과도한 유연성이 문제다. 고용 불안정, 낮은 임금, 전환 기회의 부족은 사회적 불평등과 계층 이동의 단절을 고착화시킨다. 지금의 한국 노동시장은 과보호와 과소보호가 공존하는 기형적 구조다.

따라서 한국은 이제 고용의 안정을 무너뜨리지 않으면서도, 직무 중심의 유연성과 생산성 중심의 인사체계로 전환해야 할 시점에 와 있다.

연공 중심 체계의 한계와 직무 중심 체계의 가능성

기존의 한국 기업 인사체계는 연공서열, 정년 보장, 인사 순환, 폐쇄형 채용 등으로 대표되는 연공 중심의 '정규직 보장형' 모델이다. 이 체계는 고도성장기에는 기업 충성도와 숙련도를 축적하는 데 효과적이었으나, 산업이 다변화되고 기술 변화 속도가 빨라진 오늘날에는 유연한 대응이 어렵다.

첫째, 인력 재배치가 어렵다. 사업 구조조정이 필요해도 기존 인사규정과 노사관계로 인해 효율적 인력 이동이 불가능하다. 이는 기업의 변화 능력을 저하시킨다.

둘째, 신규 채용이 줄고 청년 진입 장벽이 높아진다. 기존 인력 구조를 유지해야 하니 젊은 세대의 진입 통로는 줄어들고, 일자리 미스매치는 심화된다. 고용 총량은 유지되더라도 고용의 내용은 정체된다.

셋째, 직무역량보다 연차와 학력 중심의 보상 구조는 성과 중심 조직문화 정착을 방해하며, 역량 개발 동기를 약화시킨다.

이에 대한 대안으로 최근 주목받는 것이 바로 직무 중심 인사체계(Job-based HR system)다. 이는 직무 분석을 통해 일의 내용과 가치를 기준으로 임금, 승진, 평가, 교육 등 인사 전반을 설계하는 방식이다.

이 체계는 유연한 고용 구조, 인력 재배치의 탄력성, 청년 진입 경로 확대, 여성과 고령자의 맞춤형 참여 확대 등 다양성과 생산성을 동시에 높이는 구조 전환을 가능케 한다. 단, 도입을 위해서는 제도적 기반과 조직 문화의 변화가 병행돼야 한다.

유연성과 공정성을 갖춘 인사체계로의 전환 방향

노동시장 유연화와 직무 중심 인사체계 도입을 위한 전략은 다음과 같다.

첫째, 정부의 노동 규제 체계를 직무 중심 체계에 맞춰 재설계해야 한다. 근로계약서, 근로시간 규정, 고용보험 등도 직무별 고용 기준을 반영할 수 있도록 유연하게 전환되어야 하며, 직무 단위의 고용 통계와 분석 체계도 필요하다.

둘째, 공공부문이 직무 중심 채용과 인사관리 선도 모델이 되어야 한다. 공공기관부터 직무기반 채용, 성과 중심 평가, 역량 중심 보상체계를 도입하고, 이를 민간에 확산시키는 거버넌스를 구축해야 한다.

셋째, 중소기업과 비정형 고용시장에 대한 사회안전망 강화가 병행돼야 한다. 노동 유연성 확대는 고용 불안으로 이어질 수 있으므로, 이를 보완할 직무 전환 지원금, 맞춤형 재훈련, 고용안정보험 등 새로운 안전망 체계가 필요하다.

넷째, 노동시장 이중 구조 해소를 위한 대·중소기업 간 고용 조건 격차 완화 정책이 필수다. 직무별 임금 정보 공개, 중소기업 근로조건 개선 인센티브, 협약형 고용 모델 도입 등이 병행돼야 한다.

다섯째, 기업의 자율성과 책임을 동시에 높여야 한다. 직무 중심 인사제도는 기업의 전략적 판단에 따라 다양하게 운영될 수 있어야 하며, 대신 공정한 평가체계와 성과 환류 구조를 통해 근로자의 신뢰를 얻어야 한다.

고용의 안정성은 유지하되, 변화에 적응할 수 있는 유연성과 역동성을 갖춘 노동시장으로의 전환은 저성장 시대를 돌파할 기업 경쟁력의 핵심 조건이다. 이제는 더 이상 고용 불안을 유연성의 대가로 삼는 것이 아니라, 노동시장 구조 자체를 일의 본질에 맞춰 재설계해야 할 시점이다.

규제 샌드박스,
왜 효과가 없었나

실험이 제도화로 이어지지 못한 규제 샌드박스

2019년 한국 정부는 규제 개혁의 새로운 해법으로 '규제 샌드박스 제도'를 도입했다. 새로운 기술이나 서비스가 기존 법률과 충돌할 경우, 일정 기간 규제를 유예하거나 면제해주는 제도다. 당시 기대는 컸다. 창의적 아이디어와 신기술을 규제 장벽 없이 실험할 수 있는 환경이 마련되면, 혁신기업의 성장이 촉진되고, 새로운 시장이 열릴 것이라 믿었다.

그러나 시행 6년이 지난 지금, 규제 샌드박스는 초기의 기대에 크게 못 미친다는 평가가 지배적이다. 승인된 실증 특례 사업의 다수가 제도화로 이어지지 못했고, 실험이 끝난 후에도 여전히 불확실한 규제 환경 속에서 정체되거나 중단된 사례가 많다. 실증은 실험에 그쳤고, 예외는 일상이 되지 못했다.

제도의 핵심은 '실험을 통한 제도화'였지만, 실제로는 책임 회피, 부처 간 이견, 입법 미비, 이해관계 조율 실패로 인해 제도화 전환이 지연되거나 무산되기 일쑤였다. 결과적으로, 규제 샌드박스는 혁신의 인큐베이터가 아닌, 정책 피난처로 전락하고 말았다.

규제 샌드박스의 한계는 무엇이었나

규제 샌드박스 제도가 뿌리내리지 못한 이유는 여러 구조적 요인과 운영상 한계에 기인한다.

첫째, 규제 샌드박스는 실증 특례일 뿐, 영구 면허나 법적 지위를 보장하지 않는다. 기업은 실증기간 동안만 사업을 운영할 수 있고, 그 이후는 불확실하다. 투자 유치나 사업 확장에 필요한 제도적 안정성이 부족하다.

둘째, 샌드박스를 통해 확인된 기술·서비스가 기존 제도와 충돌할 경우, 이를 수용할 입법·제도화 속도가 매우 더디다. 부처 간 이해 충돌, 국회의 소극성, 기득권 집단의 저항 등으로 인해 실험이 제도 변화로 이어지지 못하고 좌초되는 경우가 다반사다.

셋째, 대상 분야의 제한성과 편중이다. 초기에는 ICT, 핀테크, 모빌리티 등 일부 산업군에 편중된 신청과 승인이 이뤄졌고, 전통산업·서비스업·지역 산업 등에서의 활용은 극히 제한적이었다. 규제혁신이 특정 분야에 국한되면서, 파급력 있는 변화가 일어나지 않았다.

넷째, 사업자 중심의 시각과 시민사회 설득 부족이다. 규제 샌드박스는 주로 기업의 입장에서 추진되었고, 시민이나 소비자의 시각은 후순위였다. 특히 안전, 프라이버시, 시장질서와 관련된 우려가 제기되었을 때, 사회적 신뢰 형성 노력 부족이 반발을 키웠다.

다섯째, 샌드박스 운영 조직의 권한과 전문성 부족이다. 실증 특례를 승인한 후에도 성과관리, 후속 제도 연계, 사업 평가에 대한 체계적 기능이 미비했고, 각 부처와의 협업 구조도 느슨했다.

이처럼 규제 샌드박스는 제도 혁신의 디딤돌이 아니라, 임시방편과 정책 상징에 머물렀다는 비판을 피할 수 없다.

진짜 규제 혁신을 위한 샌드박스의 재설계 방향

규제 샌드박스 제도를 혁신의 통로로 다시 세우기 위해서는, 다음과 같은 구조적 재설계가 필요하다.

첫째, 샌드박스 실증이 종료되면 일정 기간 내 관련 법령 개정 또는 제도화 여부를 의무적으로 검토하도록 하는 법제화 절차가 필요하다. 실증 결과가 정부 정책과 국회 입법으로 이어지는 패스트트랙 프로세스를 마련해야 한다.

둘째, 규제 샌드박스 전담 조직에 성과관리, 정책 연계, 사업 평가 권한을 부여하고 독립성과 전문성을 강화해야 한다. 부처 간 이해관계를 조정할 수 있는 조정권과 정책 컨트롤타워 기능이 필요하다.

셋째, 지역·전통 산업 등으로 샌드박스 적용 범위를 확대해야 한다. 예를 들어, 농업·의료·교육·문화 콘텐츠 분야에서도 지역 특화형, 산업 맞춤형 샌드박스를 도입할 수 있다. 지역 주도형 규제 특례 허브도 유용한 대안이다.

넷째, 샌드박스 설계 단계에서 시민사회와 전문가, 사용자 그룹의 의견을 수렴하고 공론화 과정과 사전 위험성 평가를 제도화해야 한다. 사회적 수용성과 신뢰 없이는 어느 규제혁신도 지속 가능하지 않다.

다섯째, 규제 샌드박스의 실증 데이터를 축적하고 공개함으로써, 다른 사업자와 정책 담당자가 학습할 수 있는 지식 자산으로 전환해야 한다. 이를 통해 반복적 시행착오를 줄이고, 규제혁신의 시스템화를 이룰 수 있다.

규제 샌드박스는 본질적으로 기존 제도의 한계를 실험을 통해 극복하고, 새로운 제도를 설계하는 통로여야 한다. 지금까지의 시행착오를 딛고, 일시적 특례가 아닌 제도 혁신의 출발점으로 다시 자리매김해야 한다. 혁신은 허용이 아니라, 설계에서 완성된다.

글로벌 공급망 전략에
대한 대응

글로벌 공급망의 재편, 한국 기업의 도전

코로나19 팬데믹 이후 세계는 '글로벌 공급망 리스크'라는 새로운 현실에 직면했다. 반도체, 배터리, 의약품, 식량 등 주요 전략 품목이 특정 국가나 기업에 집중된 구조는 공급 차질과 가격 급등, 생산 중단이라는 연쇄적 위기를 불러왔다. 특히 미·중 갈등, 러시아-우크라이나 전쟁, 기후위기 등 복합적 리스크가 상존하는 시대에 공급망은 더 이상 효율의 문제가 아니라 안보와 생존의 문제가 되었다.

한국은 수출 의존형 경제구조로 인해 글로벌 공급망의 변화에 매우 민감한 국가다. 반도체·배터리·자동차·디스플레이 등 주력 산업이 글로벌 가치사슬(GVC)의 상위 또는 중간 단계에 깊이 얽혀 있고, 핵심 소재·부품·장비(SOC·부품·장비) 의존도도 여전히 높다.

특히 일본의 수출 규제(2019), 코로나로 인한 물류 대란(2020), 우크라 사태로 인한 원자재 가격 급등(2022)은 한국 기업들에게 단일 공급선, 특정 국가 의존, 재고 최소화 전략의 취약성을 각인시켰다. 글로벌 공급망은 더 이상 신뢰할 수 있는 '배경 시스템'이 아니라, 기업이 전략적으로 직접 관리하고 설계해야 할 핵심 경쟁 요소가 되었다.

한국 공급망 구조의 취약성과 과제

한국의 공급망 구조는 다음과 같은 한계와 위험 요인을 안고 있다.

첫째, 소재·부품·장비의 해외 의존도가 높다. 일본, 중국, 독일, 미국 등 소수 국가에 특정 품목의 수입이 집중돼 있으며, 이는 단일국가 리스크와 지정학적 갈등 리스크에 매우 취약한 구조다.

둘째, 글로벌 다국적 기업과의 수직적 종속 구조다. 특히 반도체 장비, 고급 화학소재, 항공·방산 부품 등은 기술 자립도가 낮아, 글로벌 선도기업에 대한 의존도가 높고, 협상력이 약하다.

셋째, 국내 기업 간 협력 네트워크가 미흡하다. 대기업-중소기업, 주력기업-스타트업 간 정보 공유와 공동 R&D, 위기 대응 협력 체계가 부족해, 공급망 충격이 빠르게 확산된다.

넷째, 공급망 관련 데이터와 위험 분석 시스템이 부재하다. 정부와 기업 모두 공급망 실시간 추적, 리스크 조기 경보, 대체 수급

계획 수립 등에서 체계적인 대응력이 떨어진다.

다섯째, 국가 간 공급망 외교와 산업안보 전략이 미비하다. 미국의 인플레이션감축법(IRA), 반도체지원법(CHIPS Act), EU의 전략적 자율성 정책 등 전 세계가 공급망을 국가전략 차원에서 재편하고 있으나, 한국은 후속적 대응에 그치는 경우가 많다.

이러한 취약성을 극복하지 못한다면, 한국 산업은 공급망 불안이 반복될 때마다 경쟁력 약화와 기회 상실의 이중 리스크에 노출될 수밖에 없다.

회복력 있는 공급망 전략 수립을 위한 제언

이제 한국은 '효율' 중심에서 '회복력(Resilience)' 중심으로 공급망 전략을 재편해야 한다. 이를 위한 핵심 전략은 다음과 같다.

첫째, 핵심 전략 품목의 공급망 다변화다. 소재·부품·장비의 공급선을 다국화하고, 중장기적으로 자립화를 추진해야 한다. 이를 위해 '핵심 품목 100대 리스트'를 정하고, 국가 주도의 기술 내재화, 공공조달 연계 지원, 글로벌소싱 파트너 확보 전략을 병행해야 한다.

둘째, 국내 공급망 생태계의 강화다. 대·중소기업 간 공동 기술 개발, 공유 생산설비 구축, 긴급 대응 협의체 구성 등을 통해 내부 협력 기반을 강화하고, 수급의 유연성을 높여야 한다. 특히 중소기업의 대응 능력을 높이기 위한 공급망 보증제, 위기 대응 펀드도 고려할 수 있다.

셋째, 공급망 실시간 데이터 플랫폼 구축이다. 기업 간, 정부-민간 간 수급 정보와 위험 요소를 실시간으로 분석·공유하는 데이터 기반 플랫폼을 구축해, 조기 경보와 대체 전략 수립이 가능하도록 해야 한다.

넷째, 산업안보 외교 역량 강다. 한·미·일 3국 반도체 협력, 한·EU 배터리 협력, 인도·아세안과의 희토류·원자재 협력 등 공급망 외교를 전략적으로 기획하고 실행하는 전담 조직이 필요하다. 국제 공급망 협약, 투자 협정, 기술 공동개발 협정도 확대해야 한다.

다섯째, 공급망 대응 기업에 대한 세제 및 금융 인센티브 확대다. 국내 생산시설 재배치, 대체 수입선 확보, 재고 전략 전환 등에 나서는 기업에 정책금융, 세제 감면, 투자보조금 등을 우선 지원하여 민간의 참여를 유도해야 한다.

글로벌 공급망은 더 이상 안정적인 전제가 아니라, 끊임없이 변화하는 전략적 변수다. 한국이 이 변화에 휘둘리지 않고 능동적으로 공급망을 설계하고 대응하는 국가로 거듭나기 위해서는, 민관의 협력과 전략의 통합이 그 어느 때보다 중요하다.

R&D 투자 구조의 전면 개편

양에서 질로, R&D 투자 패러다임의 전환 필요

한국은 GDP 대비 R&D 투자 비중에서 세계 최고 수준을 자랑한다. 정부와 민간을 합한 연구개발 투자는 매년 100조 원을 상회하며, 양적인 면에서는 세계적 과학기술 국가로 평가받는다. 그러나 문제는 질이다. 많은 돈을 쓰고 있음에도 불구하고, 그 결과가 산업 경쟁력 강화나 경제 성장으로 충분히 연결되고 있지 않다.

대표적인 문제가 기초연구의 취약성과 상용화 실패의 반복이다. 논문 수는 늘어나고 있으나, 글로벌 기술 표준을 선도하는 연구는 드물고, 기업 현장에서 활용 가능한 실용기술이나 제품화 성과로 이어지는 사례는 제한적이다. 특히 중소·중견기업은 정부의 R&D 성과에 접근하기 어렵고, 기술 사업화 과정에서 고비용·저효율 구조에 시달리고 있다.

또한 과제 중심, 실적 중심, 연도별 예산 집행 중심의 운영방식은 도전적인 연구보다는 안전한 과제를 선호하게 만들며, R&D 생태계의 창의성과 도약을 저해한다. 지금 필요한 것은 단순히 '더 많이'가 아니라, '더 나은 방식으로' R&D를 운영하는 구조적 혁신이다.

현행 R&D 시스템의 병목과 비효율

현재 한국의 R&D 투자 구조는 다음과 같은 병목 현상과 한계를 지니고 있다.

첫째, 사업 중심의 분절화된 예산 구조다. 각 부처별로 수십 개의 세부 사업이 중복·분산되어 있고, 산업-과학기술-중소기업 정책이 통합되지 못한 채 칸막이 속에서 집행되고 있다.

둘째, 단기성과 중심의 평가체계다. 과제의 채택과 예산 배분, 성과 평가가 1~2년 단위의 정량 성과에 집중되어, 장기적인 기술 축적이나 실패 가능성이 있는 도전적 연구는 배제되는 경향이 강하다.

셋째, 공급자 중심의 과제 기획이다. 대학, 연구소, 정부출연기관 등이 주도하는 기획이 많아, 산업현장이나 시장의 수요와 괴리된 연구가 반복되고 있으며, 기술이전의 실효성도 낮다.

넷째, 중소기업과 지역 기반 기업의 접근성 부족이다. R&D 자금, 인력, 장비, 정보 모두 수도권·대기업·선도 연구기관에 집중되어 있으며, 중소기업은 참여하더라도 주관기관이 아닌 하청 구조에 머무는 경우가 많다.

다섯째, 기술 사업화 지원의 비체계성이다. 연구 결과가 특허나 논문에 머무르고, 사업화 단계에서는 자금·인증·판로·규제 등 다양한 장벽에 가로막혀 사장되는 경우가 잦다. R&D와 창업, 시장 진출 사이의 연결고리가 약하다.

이처럼 현재의 R&D 시스템은 양극화, 관료화, 단절화라는 구조적 제약 속에 머무르고 있으며, 한국의 미래 기술 경쟁력을 약화시키는 요인이 되고 있다.

질적 전환을 위한 R&D 구조 개혁 전략

이제 R&D 투자의 양적 확대를 넘어, 질 중심의 전략적 전환과 구조개혁이 시급하다. 이를 위한 다섯 가지 방향은 다음과 같다.

첫째, 국가 R&D 시스템을 통합적 구조로 재편해야 한다. 현재 산업부, 과기정통부, 중기부 등으로 나뉜 R&D 예산과 과제를 통합 기획·평가·조정하는 범정부 컨트롤타워(가칭 국가 R&D 전략위원회)를 구축하고, 장기 비전과 로드맵 기반의 중복 없는 과제 체계를 수립해야 한다.

둘째, 수요 기반의 문제 해결형 R&D 체계를 도입해야 한다. 기업, 특히 중소기업과 지역 기업이 직접 현장에서 겪는 문제를 연구주제로 삼을 수 있도록 과제 공모 체계를 개방형으로 전환하고, 민간-공공 공동기획 모델을 확산해야 한다.

셋째, 평가와 보상의 기준을 전면 재설계해야 한다. 단기성과가 아니라 도전성, 기술축적의 중요성, 협업 성과, 사회적 파급력 등을 복합적으로 고려하는 정성 평가체계로 전환해야 한다. 실패를 학습자산으로 인정하고, 반복 지원을 가능하게 하는 성실 실패 보상제도도 필요하다.

넷째, R&D와 사업화를 연계하는 통합 지원 체계를 강화해야 한다. R&D 종료 이후 후속 사업화 자금, 규제 컨설팅, 인증·시범사업, 공공조달 연계 등 후속 트랙을 자동으로 연계하는 '기술사업화 사다리'를 제도화해야 한다.

다섯째, 인재 중심의 연구 생태계로 전환해야 한다. 연구비가 아니라 연구자에게 투자하는 패러다임이 필요하다. 연구자의 자율성을 보장하는 탑다운·바텀업 병행형 지원, 연구윤리와 전문성 중심의 연구자 DB 구축과 경력 관리 시스템이 중요하다.

R&D는 단순한 기술개발이 아니라, 국가의 미래 성장동력과 산업 전환의 핵심 자산이다. 지금까지는 '얼마를 투자했는가'가 관건이었다면, 이제는 '어떻게 연결되고 무엇을 변화시켰는가'가 중심이 되어야 한다. R&D 개혁은 선택이 아니라 성장의 엔진을 다시 돌리기 위한 필수 조건이다.

ESG와 지속 가능한 기업 생태계

ESG, 일시적 유행이 아닌 구조적 전환

　ESG(Environmental, Social, Governance)는 더 이상 선택이 아닌 필수다. 환경(E), 사회적 책임(S), 지배구조(G)를 기업의 경영 전략에 통합하는 움직임은 글로벌 시장에서 이미 주류가 되었다. 주요 투자기관, 소비자, 파트너, 정책 당국은 ESG를 기업의 미래 지속 가능성과 리스크 관리능력을 가늠하는 핵심 지표로 간주하고 있다.
　국내에서도 ESG 공시 의무화, 탄소중립 목표, 공정거래 기준 강화 등 제도적 변화가 이어지고 있고, 대기업은 물론 중소·중견기업에도 ESG 대응 역량이 기업 생존의 전제 조건으로 작용하고 있다. 그러나 많은 기업은 여전히 ESG를 일회성 인증이나 외부평가 대응 수단으로 오해하고 있으며, ESG의 본질을 경영 혁신과 기업 생태계 전환의 기회로 인식하지 못하고 있다.
　ESG는 단순히 리스크를 회피하는 수단이 아니라, 기업이 장기적으로 사회적 신뢰를 획득하고 새로운 성장동력을 창출하는 경영 방식의 혁신이다. ESG 경영은 이제 '왜 필요한가'가 아니라, '어떻게 실천할 것인가'가 핵심이 되었다.

한국 기업 ESG 확산의 현실과 과제

국내 기업들의 ESG 도입은 빠르게 확산되고 있으나, 그 내면을 들여다보면 제도화의 미성숙, 실행력의 부족, 인식의 표면성이라는 문제들이 공존하고 있다.

첫째, ESG 공시제도의 도입은 속도를 내고 있으나, 기업들의 실질적 준비와 내부 역량은 여전히 부족하다. 보고서 작성이 외주에 의존하거나, 데이터의 신뢰성과 일관성이 확보되지 않은 경우가 많다.

둘째, 중소기업의 ESG 대응 격차가 크다. 대기업은 전담 조직과 인력을 운영하며 글로벌 기준에 맞춘 전략을 세우고 있으나, 중소기업은 비용과 인력 부담으로 인해 ESG 대응 자체가 불가능한 경우가 많고, 이로 인해 대기업 공급망 탈락이라는 현실적 위협에 직면하고 있다.

셋째, 형식적 ESG 활동이 만연하다. 봉사활동, 친환경 마케팅, 윤리강령 선언 등 홍보 중심의 활동은 많으나, 실제 경영 의사결정에 ESG를 반영하는 수준은 낮다. ESG는 지표화될 수 있는 '성과'가 아니라, 기업 운영 전반의 문화와 철학이어야 한다.

넷째, ESG를 둘러싼 규제와 평가 기준의 불확실성도 문제다. 정부와 민간 평가기관 간의 기준이 상이하고, ESG 성과를 측정·인증하는 체계가 일관되지 않아 기업이 방향성을 잡기 어렵다.

이러한 상황은 ESG를 '비용'으로만 인식하게 만들고, 기업의 전략적 투자를 가로막는다. 이제는 ESG를 비용이 아닌 투자로, 부담이 아닌 기회로 전환해야 할 때다.

지속 가능한 ESG 생태계를 위한 전략

지속 가능한 기업 생태계를 구축하기 위한 ESG 전략은 다음과 같다.

첫째, ESG 통합경영 체계를 확립해야 한다. 최고경영진이 ESG를 기업 전략의 핵심축으로 선언하고, 재무성과와 ESG성과를 통합 관리하는 지표 체계를 구축해야 한다. 이사회 내 ESG 위원회 설치, 전사 ESG KPI 도입 등이 필수적이다.

둘째, 중소기업 ESG 전환 지원을 강화해야 한다. 정부는 표준화된 ESG 대응 가이드라인, 중소기업 전용 공시플랫폼, ESG 역량 강화 교육, 시범사업 및 인증 비용 지원 등을 통해 공급망 전반의 지속가능성을 확보해야 한다.

셋째, ESG 데이터의 신뢰성과 투명성을 높여야 한다. ESG 관련 정보를 공공 데이터화하고, 민간 평가기관의 인증·평가 기준을 표준화하며, 위조·부실 공시에 대한 제재 수단을 마련해야 한다. ESG는 신뢰가 생명이다.

넷째, ESG와 연계된 인센티브 구조를 설계해야 한다. ESG 우수 기업에 대해 금융 우대, 세제 감면, 공공조달 가점 등 실질적 보상 체계를 마련함으로써 선도 기업이 생태계를 견인할 수 있는 구조를 만들어야 한다.

다섯째, ESG가 기업의 성장 전략과 연결되도록 해야 한다. 친환경 생산, 윤리적 소비, 다양성 인재 채용, 사회적 가치 창출을 통해 시장과 소비자의 신뢰를 확보하고, 글로벌 파트너십을 확장하는 전략적 기회로 삼아야 한다.

ESG는 단순한 보고서 작성을 넘어, 기업이 미래를 어떻게 바라보고 준비하느냐를 보여주는 거울이다. 사회적 책임과 지속가능성을 내재화한 기업만이 변화의 시대에 살아남고 성장할 수 있다. 한국 기업이 ESG를 진정한 경쟁력으로 전환하기 위해서는, 철학과 제도, 실행과 문화의 전면적인 혁신이 필요하다.

PART
4

정부의 역할,
성장 촉진자로 거듭나야

정부는 단기 재정 확대보다는
민간의 자율과 시장의 효율을 살리는 방향으로 기능해야 하며,
복지·행정·규제·재정 전반에서 전략성과 실행력을 갖춘
성장 촉진자로 거듭나야 한다.
정책 일관성과 민관 협력, 디지털 전환, 중앙-지방 재조정 등이
핵심 과제다.

01
정부지출 확대,
그 방향이 문제다

양적 확대에 가려진 지출의 질

한국 정부의 재정지출은 지난 10년간 꾸준히 증가해왔다. 2024년 예산은 700조 원을 넘어서며 GDP 대비 30%를 넘어섰다. 팬데믹 대응, 경기 부양, 복지 확대 등의 명분 아래 재정의 양적 확대는 거스를 수 없는 흐름이 되었으나, 정작 중요한 질문은 던져지지 않았다. 그 많은 돈은 어디에, 어떻게 쓰였는가?

예산의 총량 확대에 비해 지출의 효과성과 효율성, 지속가능성에 대한 성찰은 부족했다. 재정지출의 상당 부분은 단기성, 보조성, 중복성 사업에 묻혀 있었고, 특정 연령층이나 이해집단을 대상으로 하는 포퓰리즘적 성격이 짙었다. 이는 총량의 팽창은 있었으나, 생산적 효과나 미래 대비 역량은 오히려 약화되는 결과로 이어졌다.

특히 재정지출이 성장잠재력 확충이나 구조개혁을 위한 투자로 이어지지 못하고, 현상 유지를 위한 소모성 지출에 머무른다면 이는 장기적으로 국가 재정의 부담과 성장력 저하를 동시에 초래하게 된다. 지금 필요한 것은 단순한 재정 확대가 아니라, '방향이 있는 재정', '성과가 있는 지출'이다.

왜곡된 지출 구조의 현실

한국의 재정지출 구조는 몇 가지 심각한 문제를 내포하고 있다.

첫째, 선심성·단기성 사업의 난립이다. 정치적 이해관계에 따라 지방 이전사업, 생활SOC, 각종 바우처와 지역화폐 등 일시적 소비 성격의 지출이 증가했고, 그 결과 중장기 투자 여력은 축소되었다.

둘째, 중복·유사 사업의 구조적 비효율이다. 여러 부처가 유사한 목적의 지원사업을 별도로 운영하며, 정책 대상자의 혼란과 행정비용의 낭비를 초래하고 있다. 예컨대 청년, 노인, 저소득층을 대상으로 하는 복지 및 고용지원 사업만 수백 개에 이른다.

셋째, 재정사업의 성과관리 미비다. 대부분의 사업은 성과지표가 모호하거나 실적 위주로 구성되어 있어, 정책의 실효성과 환류 기능이 부족하다. 실패한 정책이 퇴출되지 않고 지속되는 사례도 비일비재하다.

넷째, 미래 투자 영역에 대한 상대적 박탈이다. 교육, R&D, 기후

대응, 디지털 전환 등 장기 성장동력 확충 분야는 매년 예산에서 후순위로 밀리기 일쑤이며, 이는 재정이 점점 소비적 구조로 고착화되는 결과를 낳는다.

이러한 지출 왜곡은 단순한 재정 낭비를 넘어서, 경제구조 전환을 가로막고, 정책의 신뢰도를 훼손하며, 재정건전성까지 위협하는 구조로 이어지고 있다.

전략적 지출구조 개편을 위한 다섯 가지 방향

정부지출의 총량을 떠나, 이제는 지출의 질과 방향을 바로잡는 구조 개혁이 핵심이다. 다음의 다섯 가지 전략이 필요하다.

첫째, 재정지출을 '투자지출' 중심으로 재편해야 한다. 소비성 지출이 아니라 생산성 제고, 인적자본 축적, 기술혁신, 기후대응 등 미래 대응 역량을 높이는 지출에 집중해야 한다. 이를 위해 매년 전략분야별 투자 비중을 사전 설정하고, 지출 리밸런싱을 제도화해야 한다.

둘째, 중복·유사 사업 통합과 일몰제 정비다. 기능이 겹치는 사업은 원점에서 통합·재설계하고, 실효성이 떨어지는 사업은 정기적으로 폐지하거나 민간 이양해야 한다. 일몰제 적용 시 사후평가를 반드시 연계하도록 법제화해야 한다.

셋째, 성과 기반 예산제도의 실질화다. 단순한 실적이 아니라 정책 목표 달성도, 국민 체감도, 비용 대비 효과 등 다면적 성과평가 체계를 구축하고, 예산 배분에 연계해야 한다. 이를 위해 민간 전문가 참여를 확대하고, 성과보고서를 공개해야 한다.

넷째, 정책 수요자 중심의 맞춤형 지출 설계다. 연령, 지역, 계층, 산업에 따라 정책 수요는 다르다. 현금 지급 위주의 보편 정책보다, 정책 대상자의 특성과 상황에 맞는 선택적·맞춤형 지원 구조를 설계해야 한다.

다섯째, 재정투자와 민간유인을 연계한 하이브리드 전략이 필요하다. 정부지출이 민간의 투자·참여·협업을 유도할 수 있도록, 매칭펀드, 공동출자, 공공조달 연계 등 구조적 설계를 강화해야 한다.

지금까지의 재정정책은 총량을 늘리는 데 집중했다면, 이제는 질적 구조의 개편과 전략적 분배로 전환해야 한다. 정부지출은 단순한 소득 이전이 아니라, 경제 전환과 혁신을 유도하는 마중물이 되어야 한다. '얼마를 쓰느냐'보다 '어디에 어떻게 쓰느냐'가 더 중요한 시대다.

02
포퓰리즘 복지 대신
생산적 복지

복지의 확대, 그러나 지속가능성은 불투명

한국은 OECD 평균에 비해 여전히 복지 지출 비중이 낮은 나라이나, 최근 수년간 복지 지출은 눈에 띄게 늘어났다. 특히 고령화, 저출산, 양극화 심화, 취약계층 증가 등의 구조적 변화에 대응하기 위해 정부는 복지 지출을 확대하고 각종 지원 프로그램을 추가하며 재정의 역할을 강화해왔다.

문제는 이 같은 복지 확대가 장기적인 지속 가능성과 효과성 측면에서 얼마나 건강한 구조를 갖추고 있느냐에 있다. 각종 현금성 지원, 일시적 보조금, 선심성 지역 사업 등이 선거를 앞둔 시기에 집중되는 경향을 보이며, 이는 점차 '포퓰리즘 복지'라는 비판을 자초하고 있다.

복지는 국가의 책무이자 사회적 안전망이다. 그러나 지속 가능하지 않은 복지는 다음 세대의 부담이 되고, 생산성을 낮추는 방향으로 작동할 위험이 있다. 지금 한국 사회가 필요한 것은 단지 더 많은 복지가 아니라, 더 효과적이고, 더 생산적인 복지체계로의 전환이다.

포퓰리즘 복지의 문제점과 구조적 한계

현재 한국의 복지정책은 다음과 같은 구조적 문제를 안고 있다.

첫째, 현금 중심의 단기 지원에 치우쳐 있다. 재난지원금, 지역화폐, 각종 수당 등은 일시적 소비 진작에는 효과가 있으나, 자립 역량 강화나 사회적 기회 확장에는 한계가 있다. 이 같은 '당장 주는 복지'는 정치적 인기에는 유리하지만, 지속가능성과 효과성에서는 취약하다.

둘째, 지속적 재정 부담 구조다. 복지 수요는 고령화와 저출산에 따라 빠르게 늘고 있고, 이는 복지 지출의 항구화를 불러온다. 하지만 세수 기반은 제한적이며, 정기적 복지 지출이 고정비처럼 누적되는 구조는 재정 유연성을 약화시키고, 미래세대에 부담을 전가할 수 있다.

셋째, 복지의 비효율성과 중복성이다. 복지사업 간 중복 지원, 유사 목적 사업의 난립, 복지 사각지대의 지속 등은 복지의 형평성과 효율성을 모두 해친다. 특히 행정비용 증가와 대상자 혼란은 복지 신뢰도를 떨어뜨린다.

넷째, 수급자 중심 구조의 고착화다. 복지 대상자가 스스로 자립할 수 있도록 지원하기보다, 수급자 지위를 유지하는 데 초점이 맞춰진 제도는 결과적으로 의존성과 낙인 효과를 강화시킬 위험이 크다.

이러한 포퓰리즘 복지는 정책의 즉흥성과 정치적 계산에 의해 설계되고 집행되며, 사회통합과 경제 역동성의 회복이라는 복지의 본래 목적과 거리가 멀어진다.

생산적 복지를 위한 구조 전환 전략

포퓰리즘 복지를 넘어 생산적 복지, 즉 자립을 돕고 성장에 기여하는 복지 체계로 나아가기 위한 전략은 다음과 같다.

첫째, '복지-일자리-교육'의 통합 모델을 구축해야 한다. 복지 수급자에게 단순 지원이 아닌 직업훈련, 취업 연계, 교육 기회 제공을 통합한 원스톱 자립 지원체계를 설계함으로써, 복지가 자립으로 이어지는 선순환 구조를 만들어야 한다.

둘째, 사회적 투자 개념의 확대가 필요하다. 아동, 청년, 여성, 노인 등 생애주기별로 소득 보전이 아닌 역량 강화 중심의 복지 프로그램을 설계하고, 인적 자본 축적을 통한 장기적 사회 비용 절감 효과를 도모해야 한다.

셋째, 선택적·맞춤형 복지로 전환해야 한다. 모든 국민에게 동일한 금액을 지급하는 보편 복지보다, 실질적 취약계층에게 더 많은 자원이 집중되도록 소득·상황 기반의 정교한 선별 시스템을 마련해야 한다. 빅데이터 기반의 맞춤 복지 플랫폼이 유용하다.

넷째, 복지와 조세의 연계 강화가 필요하다. 복지의 혜택을 받는 만큼 조세 의무를 다하는 공정한 복지-세금 구조를 설계함으로써, 사회 구성원 간 신뢰와 책임을 동시에 강화해야 한다.

다섯째, 복지 전달체계의 효율성과 투명성을 높여야 한다. 복지 부정 수급 방지, 디지털 기반 행정 개선, 통합적 복지정보 관리체계 구축 등을 통해 행정비용을 줄이고 정책 신뢰도를 높일 수 있다.

복지는 단지 나눔의 문제가 아니라, 함께 살아가는 사회의 생산 기반을 만드는 과정이다. 포퓰리즘적 복지의 함정을 넘어서, 더 지속 가능하고, 더 역동적이며, 더 정의로운 복지체계로의 전환이 지금 한국 사회에 절실하다.

03
정책 일관성과
민관 협력체계 구축

단절적 정책 운용, 성장의 발목을 잡다

정책은 단순히 선언이나 법률이 아니라, 장기간에 걸쳐 누적적으로 작용해야 효과를 발휘하는 시스템적 도구다. 그러나 한국의 정책은 정권 교체, 부처 이기주의, 담당자 순환 등으로 인해 지속성과 일관성이 매우 취약한 구조다. 그 결과 정책이 뿌리를 내리기 전에 바뀌고, 기업과 시장은 혼란과 불신 속에 머무르게 된다.

대표적 사례가 산업정책과 규제정책이다. 한 해 전까지 육성하던 산업이 갑자기 관리 대상으로 전환되고, 정부가 유도하던 투자 방향이 정권 교체 후 전면 재조정된다. 이는 정책에 대한 민간의 신뢰를 갉아먹고, 장기 투자를 어렵게 만들며, 민간 혁신을 위축시키는 요인으로 작용한다.

또한 정책 간 연계 부족과 민관 간 협력 부재는 정책 효과의 중복과 상쇄를 초래하며, 행정력 낭비와 정책 자원의 분산을 불러온다. 특히 지방정부와 중앙정부 간 정책 목표와 수단의 불일치는 정책 집행의 혼선을 야기하고, 국민 체감도를 낮추는 결정적 요인이 된다.

정부-시장 간 신뢰 기반의 협력 부재

성장과 혁신은 민간이 주도하고 정부가 뒷받침하는 형태가 바람직하다. 그러나 한국에서는 정부가 민간을 통제나 관리 대상으로 보는 관료주의적 시각이 여전히 우세하고, 민간은 정부를 단기 보조금 제공자 혹은 규제 당국으로 인식하는 악순환이 반복되고 있다.

첫째, 정책 설계 과정에서 민간의 참여가 부족하다. 기업, 산업단체, 시민사회 등은 정책 수요자이자 실행 주체임에도 불구하고, 정책 결정 과정에서 배제되거나 형식적 의견수렴에 그치는 경우가 많다.

둘째, 민관 협력 플랫폼의 실효성이 낮다. 다양한 위원회, 협의체, TF가 운영되지만, 의사결정 권한이 없거나, 사후적 통보에 그쳐 실제 정책 변화에 기여하지 못한다. 명목만 존재하는 민관협치는 정책의 신뢰를 떨어뜨린다.

셋째, 지방정부의 정책 자율성과 실행력도 제약되어 있다. 지역산업 육성, 인재 양성, 복지 전달 등에서 중앙의 지침과 예산 통제가 강해, 지방 차원의 유연한 대응과 창의적 실험이 어렵다.

이러한 구조는 정부가 정책을 주도하는 듯하지만, 실제로는 정책의 실행력을 낮추고, 사회 전체의 학습과 적응 능력을 떨어뜨리는 비효율 구조를 고착화시킨다.

일관성과 협력성을 높이는 정책운용 전략

정책 일관성과 민관 협력체계를 강화하기 위해서는 다음의 전략이 필요하다.

첫째, 핵심 정책에 대한 초당적 합의와 중장기 계획 수립이 필요하다. 교육, 과학기술, 탄소중립, 인구정책 등 주요 정책 분야에 대해서는 국회 차원의 중장기 정책위원회를 설치하고, 정권 교체와 무관하게 일관성을 유지할 수 있는 합의 구조를 제도화해야 한다.

둘째, 정책 패키지화와 부처 간 연계 강화가 필수다. 단일 부처 중심이 아닌 문제 중심의 통합정책 설계, 예산의 공동기획·집행, 성과의 통합 평가가 가능하도록 해야 한다. 이를 위해 기획재정부 중심의 조정기능 강화와 행정조직의 수평적 재편이 요구된다.

셋째, 민간의 정책참여를 실질화해야 한다. 정책 수요자 중심의 시민참여예산제 확대, 민간 전문가가 주도하는 사전영향평가, 민간 플랫폼과의 협력 모델 구축 등을 통해 정책 기획 초기부터 민간의 관점이 반영되도록 해야 한다.

넷째, 지방정부의 정책 자율성 확대가 필요하다. 지역별로 특화된 정책을 설계하고 집행할 수 있도록 재정 권한, 인사권, 조직 운영 자율성을 보장하고, 중앙은 가이드라인과 성과관리 중심의 지원 조직으로 역할을 재정립해야 한다.

다섯째, 정책성과에 대한 피드백과 환류 시스템 강화가 필요하다. 단순한 감사나 평가가 아닌, 정책성과에 따라 재설계, 조정, 종료까지 연결되는 환류 체계를 제도화하고, 그 과정에 민간의 평가 참여를 보장해야 한다.

지속 가능한 성장은 정부가 정답을 제시하는 것이 아니라, 사회 전체가 함께 문제를 정의하고 해결책을 찾아가는 과정 속에서 가능하다. 정책의 일관성과 협력성은 바로 그 출발점이다.

04
공공부문 개혁,
효율성과 민간유인 강화

팽창한 공공부문, 생산성은 제자리

한국의 공공부문은 지난 20년간 지속적으로 팽창해왔다. 공공기관 수는 350개를 넘었고, 공기업과 준정부기관의 예산과 인력도 매년 증가세를 이어가고 있다. 그러나 양적 확대에 비해 질적 개선은 정체되어 있다. 공공부문 전체의 노동생산성은 민간의 절반 수준이며, 비효율, 중복, 책임 회피 문화는 여전하다.

특히 공공기관은 정부 정책의 집행 창구이자 산업 지원의 전초기지 역할을 해야 하나, 관료주의적 운영과 낙하산 인사, 실적 중심의 전시 행정이 혁신을 저해하고 있다. 또한 채용과 보상 시스템은 성과와 역량보다는 연공과 안정을 우선하며, 우수 인재의 진입과 내부 역량 강화 모두에 장애로 작용한다.

공공부문의 비효율은 단지 세금 낭비의 문제가 아니다. 민간의 활력을 갉아먹고 시장의 신호체계를 왜곡하며, 정부 정책의 효과를 반감시키는 구조적 문제다. 이제는 공공부문을 단순한 고용 창출 수단이 아닌, 국가경쟁력 제고의 전략 플랫폼으로 개혁해야 할 시점이다.

공공부문 비효율의 구조적 원인

공공부문의 비효율성은 단순히 개인의 태도나 조직문화의 문제가 아니라, 제도와 구조의 총체적 결과다.

첫째, 낙하산 인사와 인사 독립성의 결여다. 정치 권력의 입김 아래 임명되는 기관장과 감사, 이사진은 정책 지속성, 전문성, 내부 개혁 의지를 약화시키며, 이는 중장기 전략 부재와 실적 위주의 사업 집행으로 이어진다.

둘째, 평가와 보상의 불일치다. 공공기관의 평가 지표는 대부분 단기 실적, 예산 집행률, 사업 추진 건수에 집중되어 있으며, 성과와 무관하게 고용과 보상이 보장되는 구조는 혁신 인센티브를 약화시킨다.

셋째, 민간 유인과의 괴리다. 공공기관이 민간보다 과도한 보수와 복지, 안정성을 제공하는 경우, 이는 청년 구직자의 쏠림 현상, 민간 기업의 인재 이탈, 고비용 구조 고착화를 유발한다.

넷째, 사업 간 중복과 기능의 모호성이다. 유사 기능을 수행하는 공공기관이 난립하며, 정책 대상자와 기업은 혼란을 겪고 행정

효율성은 떨어진다. 정책의 실질적 성과보다 기관의 존립과 예산 유지가 우선되는 기형적 구조가 반복된다.

다섯째, 민간과의 협력 미흡이다. 공공기관은 산업 육성, 기술 지원, 금융 지원 등에서 민간을 파트너가 아닌 수혜자나 피감기관으로 인식하며, 이는 민간의 창의성과 시장성과의 연계 부족으로 이어진다.

이러한 문제를 해소하지 않으면 공공부문은 민간의 성장을 견인하는 것이 아니라, 정부 주도의 자원 소모 구조에 머무르게 된다.

민간 유인을 촉진하는 공공부문 개혁 방향

공공부문 개혁은 단지 비용 절감이 목적이 아니라, 정부의 작동 방식 자체를 변화시켜 민간을 유도하고 사회 혁신을 촉진하는 체계로 전환하는 것이다. 이를 위한 전략은 다음과 같다.

첫째, 기관장 인사의 투명성과 책무성 강화다. 기관장 선발 과정에 공개 모집, 민간 전문가 심사, 공적 기준 부여 등을 통해 정치적 영향력을 최소화하고, 전문성과 비전 중심의 인사를 실현해야 한다. 기관장 책임 경영 계약과 임기 중 평가 강화도 병행되어야 한다.

둘째, 성과기반 보상과 평가체계 정비다. 단순 실적이 아닌 정책 효과, 민간 파급력, 지속가능성, 사용자 만족도 등 다면적 성과 평가 기준을 도입하고, 평가 결과를 인사와 예산에 직접 연계하는 구조로 개편해야 한다.

셋째, 공공과 민간의 협력 모델 제도화다. 기술개발, 창업 지원, 금융 보증, 교육 훈련 등에서 공공기관이 민간과 공동기획·집행하는 협업 플랫폼을 정착시켜야 한다. 공공 주도의 직접 사업이 아니라, 민간을 촉진하는 매개자 역할로 전환해야 한다.

넷째, 기능 재조정과 구조 개편이다. 유사·중복 기관을 통합하거나 기능을 재배치하고, 기관 간 칸막이를 해소하는 연계 시스템을 구축해야 한다. 특히 지역 기반 공공기관의 역할을 강화해 지역 특화 산업·교육·복지와 연계된 구조로 탈바꿈시켜야 한다.

다섯째, 공공의 역할을 재정의하는 거버넌스 혁신이다. 공공부문은 단순한 행정 주체가 아니라, 사회적 문제를 민간과 함께 해결하는 조정자·촉진자가 되어야 한다. 이를 위해 공공기관의 운영 원칙, 권한 배분, 책임 구조를 재설계해야 한다.

공공부문 개혁은 성장 촉진을 위한 필수 조건이다. 효율성과 민간유인이라는 두 축을 중심으로, 국가 전체의 혁신 역량을 높이는 플랫폼으로서의 전환이 지금 반드시 요구된다.

중앙정부-지방정부 간
권한 재조정

중앙집중형 행정체계의 한계

한국의 행정체계는 여전히 중앙정부 중심으로 운영되고 있다. 주요 정책의 기획과 예산 편성, 인사와 조직 운용까지 중앙의 통제 아래 움직이는 수직적 구조는 효율성을 이유로 유지되어 왔으나, 시대가 요구하는 다양성과 유연성, 현장성에는 점점 부합하지 못하고 있다.

지방정부는 주어진 예산을 집행하는 '하청기관'처럼 취급되고 있으며, 자율적 정책 실험이나 지역 특성 반영은 제한적이다. 이 같은 중앙집중형 구조는 정책의 획일화를 낳고, 지역 간 격차를 심화시키며, 행정의 대응성과 책임성을 떨어뜨린다.

특히 교육, 산업, 복지, 환경 등 많은 정책 분야에서 지역마다 문제와 수요가 다름에도 불구하고, 동일한 기준과 방식으로 정책을 적용하는 것은 비효율과 낭비를 초래할 수밖에 없다. 지역 주도형 발전 전략이 강조되는 오늘날, 중앙정부와 지방정부 간 권한과 역할의 재조정은 더 이상 미룰 수 없는 과제다.

권한 불균형이 낳는 행정왜곡

현재 중앙-지방 간의 권한 불균형은 다음과 같은 문제를 초래하고 있다.

첫째, 지방정부의 자율성과 책임성이 부족하다. 정책 기획과 예산 집행에서 중앙의 지침과 승인 절차에 지나치게 의존하고 있어, 지방의 창의적 정책 수립과 시도는 구조적으로 제한되고 있다.

둘째, 재정 자율성이 크게 제한되어 있다. 대부분의 지방재정은 국고보조금, 교부세 등 중앙정부 이전재원에 의존하고 있으며, 자체 재원은 적고 용도도 한정적이어서 실질적 자율성이 부족하다. 이에 따라 정책 우선순위 설정과 효율적 자원 배분이 어렵다.

셋째, 인사·조직 운영 권한도 제한되어 있다. 공무원 충원, 조직 구성, 예산 집행에 있어 지방정부의 권한은 법과 지침에 의해 제한되며, 지방의 수요에 맞는 인사 배치나 조직 개편이 쉽지 않다.

넷째, 중앙의 통합 지침은 지역 차이를 반영하지 못한다. 사회적, 산업적, 인구학적 조건이 다른 지역에 일괄적인 규제나 지원 방식을 적용하는 것은 정책의 효과성을 떨어뜨릴 뿐 아니라, 지역의 불만과 소외를 증폭시킨다.

이처럼 권한이 집중된 구조에서는 행정의 효율성은 물론 국민 체감도까지 떨어질 수밖에 없다.

실질적 권한 분권을 위한 제도 개편 방향

중앙-지방 간 역할 재조정을 통한 실질적 자치 강화와 행정효율 제고를 위한 전략은 다음과 같다.

첫째, 지방정부에 대한 정책 기획 및 집행 자율권 확대가 필요하다. 지역의 수요와 조건에 따라 정책을 기획하고, 예산을 배분하며, 사업을 운영할 수 있도록 법적·제도적 자율권을 보장해야 한다. 이를 위해 포괄보조금 제도 확대, 지역 전략산업 자율 지정권 부여 등이 필요하다.

둘째, 지방재정의 자율성과 건전성 확보가 중요하다. 지방세 확충, 국세와 지방세 비율 조정, 교부세 방식 개편 등을 통해 지방정부가 스스로 재정을 운영하고 책임질 수 있는 구조를 만들어야 한다. 동시에 재정 운영에 대한 투명성과 성과 평가도 강화해야 한다.

셋째, 인사 및 조직 운영의 분권화가 필요하다. 지방 공무원의 인사권 확대, 조직 개편의 자율성 보장, 지역 인재 활용 확대 등을 통해 행정조직의 현장 대응력을 높이고 지역 일자리와도 연계할 수 있다.

넷째, 지방정부 간 협력 메커니즘 구축도 병행되어야 한다. 인접 지자체 간 기능 통합, 공동 사업 추진, 광역기초 협력 플랫폼 구축 등을 통해 행정의 규모의 경제와 정책 연계성을 확보할 수 있다.

다섯째, 중앙정부의 역할 재정립이 필요하다. 중앙은 전국 단위의 표준 설정자이자, 성과 모니터링, 가이드라인 제시, 긴급대응 조정자 역할에 집중해야 하며, 개별 사업이나 세부 집행까지 관여하는 구조는 지양해야 한다.

행정의 본질은 문제 해결이다. 지역의 문제를 지역이 해결할 수 있도록 구조를 설계하고, 중앙은 이를 지원하고 조정하는 역할에 집중해야 한다. 이것이 성장을 촉진하는 '자율과 책임의 행정'이다.

06
행정 혁신과
디지털 정부로의 전환

디지털 전환, 공공행정의 최전선이 되다

정부의 역할이 커지는 시대일수록, 행정의 속도와 유연성, 정밀성이 정책 성패를 가른다. 디지털 기술은 이제 민간 기업의 경쟁력뿐 아니라, 정부가 국민을 어떻게 만나고, 문제를 어떻게 해결하느냐를 결정짓는 핵심 수단이다. 전자정부, 클라우드, 인공지능, 빅데이터, 블록체인 등은 모두 행정의 패러다임을 바꾸는 도구가 되고 있다.

한국은 UN 전자정부 평가에서 세계 최상위권을 유지하고 있고, 다양한 공공 서비스가 디지털화되었으나, 행정 혁신의 내실은 여전히 부족하다. 부처 간 데이터 연계는 미흡하고, 민원서비스는 여전히 단절적이며, 디지털 인프라는 있으나 절차와 조직은 아날로그적 관성에 묶여 있다.

디지털 정부란 단지 전산화를 뜻하지 않는다. 정책 기획부터 집행, 평가까지 전 과정에서 데이터를 기반으로 문제를 진단하고, 기술을 활용해 시민 경험을 개선하며, 행정의 효율성과 투명성을 극대화하는 구조로의 전환을 의미한다.

한국 행정 시스템의 디지털화 한계

한국의 디지털 행정은 선진화된 인프라에 비해 다음과 같은 구조적 한계를 지닌다.

첫째, 부처별 정보 시스템의 단절이다. 각 부처가 고유의 시스템을 운영하며, 데이터 구조나 표준이 다르고, 시스템 간 연계가 어려워 종합적 문제 해결이 불가능한 경우가 많다. 국민 입장에서는 부처마다 다시 정보를 입력해야 하고, 정책은 분절적으로 다가온다.

둘째, 민원서비스의 접근성과 사용자 경험이 낮다. 다양한 민원 처리 플랫폼이 존재하지만, 복잡한 절차, 인증의 불편, 부정확한 안내 등으로 인해 이용자 만족도가 낮고, 전화·방문에 의존하는 민원 비중이 여전히 높다.

셋째, 데이터 활용과 개인정보 보호의 균형 부족이다. 데이터 기반 행정이 강조되지만, 개인정보보호법·정보통신망법·공공데이터법 간 규정 충돌과 해석 차이로 인해 행정 내 데이터 공유와 분석이 제한되는 사례가 많다.

넷째, 공직사회의 디지털 수용성 부족이다. 정책 결정은 여전히 직관과 관행 중심이며, 디지털 기술은 부가적 수단으로 인식된다. 디지털 기술에 대한 이해와 활용 능력은 직급과 연령에 따라 격차가 크고, 변화에 대한 저항도 존재한다.

이러한 한계는 디지털 전환을 저해할 뿐 아니라, 공공 서비스의 품질과 신뢰에도 부정적 영향을 미치며, 행정의 정체성과 경쟁력을 약화시킨다.

디지털 정부로의 전환을 위한 전략

디지털 기반의 행정 혁신을 실현하기 위해 다음과 같은 전략이 필요하다.

첫째, 정부 전반의 디지털 아키텍처를 통합 설계해야 한다. 부처 간 데이터 표준화, 플랫폼 연계, 서비스 통합을 통해 전 부처가 공통된 기술 언어와 연동 구조를 갖추도록 해야 한다. 이를 위한 디지털정부청(가칭)과 같은 전문 조직의 설치가 필요하다.

둘째, 국민 중심의 디지털 서비스 혁신이 필요하다. 민원처리, 복지신청, 행정문서 열람, 교육훈련 등 모든 서비스를 모바일 기반, 맞춤형, 자동화 방식으로 설계하고, AI 기반 챗봇, 음성응답 시스템, 사전 안내 기능 등을 도입해 사용자 경험을 혁신해야 한다.

셋째, 데이터 기반 정책운영 체계를 제도화해야 한다. 데이터 분석을 통해 정책 수요를 진단하고, 성과를 정량적으로 평가하며, 정책 설계를 동적으로 조정하는 데이터 루프 기반 행정을 도입해야 한다. 이를 위해 행정 데이터 통합 센터, 공공 AI 분석 플랫폼이 필요하다.

넷째, 공직사회의 디지털 리터러시 강화가 핵심이다. 전 공무원을 대상으로 디지털 기술에 대한 이해, 데이터 활용 역량, AI 윤리와 보안 교육 등을 정기적으로 실시하고, 디지털 전환에 앞장선 조직과 인력에 대해 인센티브를 제공해야 한다.

다섯째, 디지털 행정의 신뢰 기반을 강화해야 한다. 개인정보 보호와 보안, 기술의 공정성과 투명성 확보, 디지털 소외계층 보호 등을 위해 디지털 윤리 기준과 관련 입법 체계를 정비하고, 시민 감시와 피드백 구조를 제도화해야 한다.

디지털 전환은 단지 기술 도입이 아닌 행정의 존재 방식을 바꾸는 일이다. 디지털 정부는 국민에게 더 빠르고 정확하며 공정한 서비스를 제공하고, 정부 스스로는 더 작고 똑똑해지는 방향으로 진화하는 조직이다. 이것이 바로 성장을 뒷받침하는 국가 운영의 미래이다.

규제 완화,
선언이 아닌 실행

수십 년째 반복되는 '규제 완화' 구호

"규제를 풀어야 한다"는 말은 한국 경제정책 담론에서 빠지지 않는 상수다. 정권이 바뀔 때마다 규제 개혁 특별법, 원샷법, 규제 프리존, 규제 샌드박스 등 각종 제도와 캠페인이 등장해왔다. 그러나 현실은 어떠한가? 기업과 국민의 체감은 여전히 미미하고, 오히려 규제는 더 복잡하고 정교해지고 있다.

이는 규제 완화가 선언적 구호에 그치고, 실질적인 구조개혁으로 이어지지 못했기 때문이다. 정부 부처는 각자의 이해관계와 통제권을 놓지 않으려 하고, 국회는 입법으로 규제를 줄이기보다는 늘리는 데 더 적극적이며, 사회는 위험 회피와 책임 추궁의 문화 속에서 규제를 오히려 방패막이로 삼고 있다.

진짜 문제는 규제가 많은 것이 아니라, 필요한 규제와 불필요한 규제를 구분하지 못하는 '무분별함'과 '비(非)실행성'에 있다. 지금 필요한 것은 선언이 아닌 행정·법제·조직 전반에 걸친 실행 가능한 규제 개혁이다.

규제개혁이 작동하지 않는 구조적 병목

왜 한국에서는 규제 완화가 반복 선언에도 불구하고 실효성을 갖기 어려운가? 그 구조적 병목은 다음과 같다.

첫째, 규제 권한의 분산과 중복이다. 동일한 사안에 대해 복수의 부처가 규제를 설정하고 있어, 기업과 국민은 어느 규정을 따라야 할지 혼란스러워하고, 부처 간 책임 미루기로 인해 규제 완화의 추진력이 약해진다.

둘째, 규제 신설보다 완화가 훨씬 어렵다. 규제를 신설할 때는 단일 부처나 국회의 입법으로 가능하지만, 규제를 폐지하거나 완화하려면 이해관계자 조율, 사회적 수용성, 정치적 부담 등 복잡한 장벽을 넘어야 한다.

셋째, 규제 정보의 비공개성과 접근성 부족이다. 기업 입장에서 어떤 규제가 존재하는지, 그 해석과 적용은 어떤지 정확히 알기 어려운 경우가 많고, 지역·업종·기업 규모별로 다른 규제가 혼재되어 있다.

넷째, 규제 담당 공무원의 인센티브 부재다. 규제를 줄이거나 재설계하는 것은 위험과 불확실성을 동반하기 때문에, 공무원 입장에서는 차라리 규제를 유지하는 것이 더 안전한 선택이 되는 구조다.

다섯째, 사후책임 강화 문화가 규제 개혁을 위축시킨다. 어떤 규제가 완화된 후 사고가 발생하면, 해당 정책 결정자나 부처에 대한 과도한 책임 추궁과 비난이 이어지는 문화는 적극적 규제혁신을 가로막는 억제 장치로 작동한다.

이러한 구조에서는 아무리 많은 규제 완화 방안을 내놓아도, 현장에서 체감되는 변화는 제한적일 수밖에 없다.

실행 가능한 규제 개혁을 위한 전략적 전환

실효성 있는 규제 완화를 위해서는 다음과 같은 실행 중심 전략이 필요하다.

첫째, 규제 총량 관리제의 실효성 확보다. 새로운 규제를 만들면 반드시 기존 규제를 폐지하거나 통합하는 '원인원아웃(One-in-One-out)' 원칙을 법제화하고, 이를 위반할 경우 예산 삭감이나 인사 불이익 등 실질적 페널티를 부여해야 한다.

둘째, 규제정보 공개와 사용자 중심 플랫폼 구축이 중요하다. 기업과 국민이 규제 정보를 쉽게 검색하고 해석할 수 있는 디지털 규제 맵(Map)을 구축하고, 상담·분쟁조정·사례공유 기능을 포함한 통합 플랫폼으로 발전시켜야 한다.

셋째, 민간 중심의 규제 발굴과 평가 시스템 강화다. 각 업종별로 규제개혁 민간위원회를 상시 운영하고, 국민과 기업이 직접 불합리한 규제를 신고하고 평가하는 제도를 활성화해야 한다. 특히 스타트업·중소기업·지역 기업의 참여를 보장해야 한다.

넷째, 규제개혁 전담 조직의 권한 강화가 필요하다. 대통령 직속 또는 국무조정실 산하에 강력한 조정 권한과 평가권을 가진 규제개혁 전담기구를 설치하고, 부처 간 갈등 조정, 법령 정비, 국회 설득 역할까지 수행할 수 있어야 한다.

다섯째, 사회적 신뢰와 균형 확보 장치 마련이다. 규제 완화가 공공안전·환경·소수자 보호와 충돌할 수 있는 영역에서는 시민사회·전문가·이해관계자 간 공론화 플랫폼을 통해 합의 기반의 개혁을 추진해야 한다.

규제는 경제의 인프라다. 낡은 인프라는 혁신의 발목을 잡는다. 이제는 말이 아니라 행동으로, 형식이 아니라 구조로 규제를 바꾸어야 한다. '규제 완화'라는 말이 진부한 수사가 아닌, 체감되는 변화와 성과로 이어질 수 있도록 행정과 입법, 사회 전반의 규제 인식부터 개조해야 할 시점이다.

08

미래 예산 구조로의
개편

과거 지향적 예산에서 미래 대비형 예산으로

예산은 정부 정책의 우선순위를 보여주는 거울이다. 어디에 얼마를 쓰는지는 단순한 회계 숫자를 넘어 국가의 철학과 전략, 미래에 대한 비전을 반영하는 정책적 결정이다. 그러나 한국의 예산 구조는 여전히 현상 유지와 단기 실적에 치우쳐 있다.

기존 사업의 연장선상에서 관성적으로 예산이 배정되고, 신규 사업은 이해관계자 간 타협을 통해 규모가 축소되거나 왜곡되기 일쑤다. 성장잠재력 확충이나 구조 전환을 위한 미래 투자는 예산 배정에서 후순위로 밀리는 경향이 강하다.

특히 교육, 과학기술, 기후 대응, 인구정책, 디지털 전환, 사회적 자본 회복 등은 중장기적으로는 필수적이지만 단기성과가 낮아 예산 확보가 어렵고, 정권 변화나 정치 상황에 따라 우선순위가 뒤바뀌는 일이 반복되고 있다.

이제는 '과거 지향적 예산'에서 벗어나, '미래를 준비하는 예산'

구조로의 패러다임 전환이 시급하다.

기존 예산구조의 비효율과 경직성

현행 예산 구조는 다음과 같은 구조적 한계를 지닌다.

첫째, 관성적 예산 배분 구조다. 전년도 예산을 기준으로 소폭 증감하는 방식으로는 정책 환경 변화와 새로운 수요에 민첩하게 대응하기 어렵다. 이로 인해 성과가 없는 사업도 예산을 계속 배정받는 경우가 발생한다.

둘째, 경직된 항목 중심 예산 체계다. 목적 예산과 항목별 집행 기준이 지나치게 세분화되어 있어 현장의 자율적 예산 운용과 조정이 어렵고, 사업 간 융합과 혁신을 가로막는 제약 요인이 된다.

셋째, 장기적 시계에서의 투자계획 부재다. 대부분의 예산이 연도 단위로 기획되고 평가되기 때문에 5년, 10년 이상의 장기 전략에 기반한 투자가 어렵고, 미래 위험에 대비한 유연한 재정 기획도 부족하다.

넷째, 성과 중심 예산 체계의 미비다. 예산이 투입된 결과에 대한 정량적 성과 분석과 정책 환류 구조가 부족해, 예산 낭비와 비효율이 반복된다. 성과 평가가 실적 위주로 흐르며, 정책 목표 달성도나 사회적 파급 효과는 반영되지 않는다.

다섯째, 미래 위험과 사회적 변화에 대한 대응력 부족이다. 인구 감소, 탄소중립, 인공지능, 글로벌 공급망 변화 등 예측 가능한 미래 리스크에 대한 선제적 예산 편성이나 전략적 투자 구조가 부재하다.

이러한 문제는 단지 예산제도의 문제가 아니라, 정부 정책 전체의 방향성과 실행력을 제약하는 핵심 병목이 된다.

미래 대비형 예산 구조 개편 전략

미래를 준비하는 예산 구조로 전환하기 위해 다음과 같은 전략이 필요하다.

첫째, 장기 재정전략 수립과 연계 예산 운영이다. 향후 10~20년간의 국가전략과 연계된 중장기 재정운용계획을 수립하고, 이를 통해 미래 핵심 분야에 대한 투자계획을 예산 배분에 반영해야 한다. 이를 위해 국가전략예산기획단(가칭)과 같은 조직이 필요하다.

둘째, 성과 기반 예산제도의 실질화다. 단순 집행 실적이 아니라, 정책 목표 달성도, 국민 체감 효과, 구조 변화 기여도 등을 종합적으로 평가하는 예산 성과지표 체계를 도입하고, 예산 편성과 평가, 환류를 하나의 순환 체계로 만들 필요가 있다.

셋째, 융합형·유연형 예산 항목 확대다. 기존의 항목 중심 예산을 문제 해결 단위 중심의 통합예산 방식으로 전환하고, 부처 간 협업 사업이나 지역 맞춤형 전략 분야에 대해서는 통합 재량 예산을 확대해야 한다.

넷째, 미래 위험 대응 예산 제도화다. 인구절벽, 기후위기, 디지털 격차 등 사회 구조 변화에 선제 대응하기 위한 전략적 예비예산, 재정안정화기금, 위기대응형 투자펀드 등을 법제화하고, 매년 일정 비율의 예산을 미래 대비형 항목에 자동 배정하는 구조도 고려할 수 있다.

다섯째, 예산 과정의 참여성과 투명성 강화다. 시민, 전문가, 민간이 예산 우선순위 설정 과정에 참여할 수 있도록 하고, 예산 편성-집행-성과의 전 과정을 공개하는 디지털 예산 플랫폼을 구축하여 국민 신뢰를 높여야 한다.

예산은 숫자의 집합이 아니라, 국가의 선택과 집중을 보여주는 전략적 도구다. 과거의 연장선이 아니라 미래를 개척하는 방향으로, 예산의 방식과 철학을 바꾸는 것, 그것이 저성장의 고리를 끊는 첫걸음이다.

09
산업정책
vs 시장의 역할

산업정책의 귀환, 다시 떠오른 논쟁

글로벌 경제 질서가 급격히 변화하면서 산업정책의 역할이 다시 주목받고 있다. 과거 '시장에 맡기자'는 자유주의적 흐름이 지배적이었던 시대를 지나, 미국, 유럽, 중국 등 주요국은 다시금 국가 주도 전략산업 육성과 공급망 안정화, 기술 주도권 확보에 나서고 있다.

미국의 반도체지원법(CHIPS Act), 인플레이션감축법(IRA), 유럽의 Net-Zero 산업법안 등은 모두 정부가 시장에 깊숙이 개입하며, 보조금·규제·인센티브를 통해 산업 방향을 유도하는 대표 사례다. 이런 흐름 속에서 한국 역시 국가전략기술 지정, 특별법 제정, 정부-민간 공동투자 플랫폼 등을 통해 산업정책의 방향을 재정립하고 있다.

그러나 여전히 논쟁은 이어진다. 산업정책은 과연 필요한가? 아니면 시장의 효율을 왜곡하고 정부 실패를 초래하는 구시대적 개입인가? 성장이 정체된 오늘날, 산업정책과 시장 기능 간의 역할 조율은 정부 경제 전략의 핵심 이슈가 되었다.

산업정책과 시장의 역할, 충돌과 보완의 이중성

산업정책과 시장 기능은 서로 대립되는 것이 아니라, 상황과 조건에 따라 서로 보완하거나 충돌할 수 있는 이중적 관계다.

첫째, 산업정책은 시장실패를 보완하는 수단이다. 초기 기술개발, 전략 인프라 구축, 기초과학 투자 등은 시장만으로는 공급되기 어려운 영역이며, 이때 정부의 투자와 제도 설계가 필수적이다. 특히 불확실성과 규모의 경제가 큰 영역일수록 산업정책의 역할은 정당화된다.

둘째, 그러나 정부의 개입은 항상 효율적인 결과를 낳는 것은 아니다. 과거 한국의 중복투자, 낙하산 인사, 보조금 의존 기업 구조 등은 정책 실패의 전형적 사례였다. 정치적 이해관계나 관료적 보신주의가 개입되면 산업정책은 자원의 낭비와 민간유인의 왜곡으로 이어질 수 있다.

셋째, 시장 기능은 혁신과 경쟁을 촉진하는 기본 틀이다. 정부가 목표와 방향을 제시하되, 자원 배분과 기업 선택은 시장이 하도록 유도해야 한다. 경쟁을 촉진하는 산업정책은 생산성을 높이지만, 보호와 특혜 중심의 정책은 비효율을 확대할 수 있다.

따라서 핵심은 정부와 시장의 역할 분담을 명확히 하고, 산업정책의 정당성과 실행 메커니즘을 투명하게 설계하는 것이다.

시장을 존중하는 산업정책의 조건과 전략

현대적 산업정책은 과거처럼 정부가 '선택과 집중'을 단독으로 결정하는 방식이 아니라, 시장과 협력하고, 유연하게 조정되며, 효과적으로 실행되는 구조여야 한다. 이를 위한 전략은 다음과 같다.

첫째, 명확한 전략 분야 설정과 민관 협의 기반이 필요하다. 산업정책의 범위와 목표를 불분명하게 설정하면 정책 자원의 낭비와 중복이 발생한다. 따라서 국가전략기술, 사회 필수산업, 공급망 핵심품목전략 분야를 명확히 설정하고, 민간 기업과의 협의체를 통해 정책 수립이 이루어져야 한다.

둘째, 성과 기반의 유연한 정책 운용 체계가 중요하다. 산업정책은 고정된 계획보다, 성과에 따라 조정 가능한 동적 설계가 필요하다. 예산 지원, 세제 혜택, 규제 유예 등은 정기적인 성과 평가를 통해 확대·축소·중단 여부를 결정해야 한다.

셋째, 시장 왜곡을 최소화하는 제도 설계가 필수다. 보조금이나 보호 조치가 시장의 가격 신호나 경쟁구조를 심각하게 왜곡하지 않도록, 기간 제한, 민간 매칭 조건, 성과 환수 조건 등을 정교하게 설계해야 한다.

넷째, 지방과 중소기업도 포함하는 포괄적 산업 생태계 정책이 필요하다. 특정 대기업 중심의 산업정책은 혁신의 확산과 고용 창출에 한계를 갖는다. 따라서 지역 거점 기반의 산업 클러스터, 중소기업 기술개발 지원, 산학연 협력 플랫폼 구축 등 포괄적 생태계 조성이 병행되어야 한다.

다섯째, 정치와 행정의 중립성 확보다. 산업정책이 정권 교체나 정치 논리에 따라 흔들리지 않도록, 초당적 합의 기반의 정책위원회, 민간 중심의 평가 및 조정 메커니즘을 제도화해야 한다.

산업정책과 시장은 상반되는 개념이 아니라, 협력과 균형 속에서 상호 보완해야 할 두 축이다. 시장에만 맡겨서는 해결할 수 없는 과제가 늘어나고 있는 지금, 정부는 개입의 철학과 기술을 갖춘 조정자로 거듭나야 한다. 그것이 진정한 산업전략 국가의 모습이다.

기회정부로서의
전환 선언

국가의 역할, 복지국가를 넘어 기회의 설계자로

정부의 역할은 단지 소득을 보전하고 규칙을 만드는 데 그치지 않는다. 현대 국가가 수행해야 할 핵심 기능은 기회의 사다리를 복원하고, 시민 모두에게 출발선의 공정성을 보장하는 것이다. 불평등의 구조화, 계층 이동의 단절, 교육·노동·복지 영역의 폐쇄성은 성장 정체와 사회 분열의 뿌리가 되고 있다.

'기회정부'란 개인이 노력하면 변화와 발전의 기회를 얻을 수 있도록 정부가 제도적으로 기반을 마련하고, 불공정한 구조를 바로잡아주는 국가의 기능을 강조하는 개념이다. 단순한 복지국가 모델을 넘어, 역량 강화 중심의 정책과 공정한 경쟁 환경 조성을 핵심으로 한다.

지금의 한국 사회는 어느 계층에 태어나느냐가 삶의 궤적을 결정짓고 있으며, 이는 성장의 동력인 사회적 신뢰와 도전 정신을 갉아먹고 있다. 따라서 저성장 극복을 위한 국가전략은 '기회를 설계하는 정부'로의 전환을 전제해야 한다.

기회 사다리의 붕괴가 초래한 저성장 악순환

　기회 불평등은 단지 개인의 좌절이나 불만에 그치지 않는다. 경제 전반의 생산성과 창의성을 저해하고, 사회자본을 약화시키며, 결국 성장의 동력 자체를 갉아먹는 구조적 문제다.

　첫째, 교육과 노동시장에서의 출발선 불평등이다. 사교육 비용의 급증, 지역·계층 간 교육격차, 일자리 진입 장벽 등은 출신 배경에 따라 기회의 질과 양이 달라지는 현실을 만든다. 이는 계층 이동을 어렵게 하고, '헬조선' 담론을 강화하며 청년층의 사회 이탈을 부추긴다.

　둘째, 자산 격차가 기회의 격차로 전이된다. 부모의 재산이 자녀의 교육, 주거, 사회적 관계망 형성에 영향을 미치면서, 자산 불평등이 세습되는 구조가 고착되고 있다. 이는 노력의 성과보다 배경이 성공을 결정짓는 사회 인식을 확산시킨다.

　셋째, 사회안전망의 비대칭성이 도전의 비용을 높인다. 실패에 대한 재도전 기회가 부족하고, 실업·질병·노령 등 생애 리스크에 대한 불균등한 보호는 도전의 기회를 위축시키며, 안정에만 머무르는 구조를 강화시킨다.

넷째, 공정경쟁 기반의 약화다. 불투명한 규제, 정보 비대칭, 시장 지배력의 집중, 관행 중심의 정책 설계는 중소기업과 신생 기업의 기회를 제약하고, 혁신보다 생존이 더 큰 목표가 되는 환경을 만든다.

이러한 구조는 노력의 효용을 약화시키고, 사회 전체의 기대수준과 신뢰수준을 떨어뜨리며, 궁극적으로는 저성장의 악순환을 심화시킨다.

기회정부로의 전환을 위한 전략 과제

기회 중심의 정부 역할 전환을 위해서는 다음과 같은 전략 과제가 필요하다.

첫째, 교육의 공정성과 역량 강화 중심 전환이다. 고교학점제, 대학 다양화, 지역 교육격차 해소, 디지털 교육 플랫폼 확대 등을 통해 출발선의 불평등을 완화하고, 누구나 성장할 수 있는 교육 기반을 마련해야 한다.

둘째, 청년과 신생 기업의 진입 장벽 완화다. 청년 주거·금융 지원, 창업 초기 단계 자금 조달 인프라 확충, 기술창업에 대한 규제 완화 등을 통해 새로운 진입자가 기회를 가질 수 있는 환경을 조성해야 한다.

셋째, 자산 형성 지원과 조세정의 실현이다. 근로소득 기반의 자산 축적을 위한 장기저축 장려, 청년 자산형성 계좌, 사회초년생 주택금융 보조 등 자산 형성의 사다리를 제공하고, 부동산·금융소득 과세의 공정성 강화로 부의 세습을 조정해야 한다.

넷째, 공정한 경쟁 질서 확립이다. 플랫폼 기업 규제, 정보 비대칭 해소, 공공조달 시장의 개방화, 중소기업 기술보호 장치 강화 등을 통해 새로운 주체들이 공정한 경쟁을 할 수 있는 기반을 조성해야 한다.

다섯째, 사회안전망의 도전 친화적 설계다. 실업 부조, 재취업 지원, 생애주기별 맞춤 복지 등을 강화하여 실패해도 다시 도전할 수 있는 안전한 환경을 만드는 것이 기회의 확장으로 이어진다.

'기회정부'는 단지 평등한 분배가 아니라, 새로운 도전과 혁신의 주체를 만들어내는 정부다. 경제정책의 본질은 '누가 기회를 얻고, 그것이 어떻게 사회 전체의 성장으로 연결되는가'에 있다. 이제는 기회의 확장이 곧 성장의 동력이라는 인식 전환이 필요하다. 그것이 저성장의 늪에서 벗어나는 정부의 첫 선언이다.

PART
5

노동과 인재,
성장의 새로운 동력

저출산과 고령화 시대의 한국은
노동의 질과 인적자본의 혁신 없이는 지속 성장이 어렵다.
직무 중심 노동시장, 평생학습과 재교육 시스템,
청년·여성·고령층의 경제활동 촉진, 전략적 이민정책이 필요한 시점이다.
공공이 아닌 민간 중심의 일자리 창출 구조로의 전환도 병행돼야 한다.

01
노동의 질,
어떻게 높일 것인가

양이 아닌 질, 노동의 가치 재정의

한국 경제가 저성장의 늪에 빠진 중요한 이유 중 하나는 노동의 질적 수준이 총체적으로 낮아졌기 때문이다. 고용률은 일정 수준을 유지하고 있으나, 노동생산성, 일자리의 질, 근로자의 역량과 동기 등 노동이 창출하는 부가가치 측면에서는 한계가 뚜렷하다.

고용의 양적 확대만으로는 지속 가능한 성장을 담보할 수 없다. 노동의 질, 즉 얼마나 고부가가치를 창출하는가, 얼마나 자율적이고 안정적인 환경에서 일하는가, 개인이 일과 삶에서 의미를 느끼는가가 핵심 경쟁력이 되는 시대다.

노동의 질을 높이지 못하면 단순 일자리 수 증가에도 불구하고, 생산성은 정체되고, 소득은 분산되지 않으며, 인재는 이탈하고, 사회 전체의 효율성은 저하된다. 이제는 근로시간 중심의 관리가 아니라, 일의 내용과 질 중심의 정책 전환이 절실하다.

한국 노동시장 구조가 안고 있는 질적 문제

한국의 노동은 다음과 같은 구조적 질적 한계를 갖고 있다.

첫째, 비정규직과 단기·저임금 일자리의 확산이다. 전체 임금근로자의 30% 이상이 비정규직이며, 이들의 임금은 정규직의 절반 수준에 불과하다. 불안정 고용은 숙련 축적과 직무 몰입을 어렵게 하고, 이직률과 사회적 비용을 높이는 요인이 된다.

둘째, 중소기업과 대기업 간 노동조건의 격차가 심각하다. 임금, 복지, 교육 훈련, 승진 기회, 조직문화 등 거의 모든 요소에서 대기업 중심의 이중 구조가 고착화되어 있으며, 이는 청년의 직업 선호 왜곡과 중소기업 인력난의 주요 원인이다.

셋째, 직무와 무관한 연공 중심 인사제도다. 여전히 많은 기업이 직무보다는 연차와 학력 중심의 인사 시스템을 운영하며, 이는 성과에 대한 보상이 제대로 이루어지지 않고, 직무 전문성 개발을 저해한다.

넷째, 교육-노동시장 간 미스매치다. 고등교육 이수율은 세계 최고 수준이나, 전공과 무관한 취업, 기업의 재교육 부담 증가 등은 노동력의 질적 활용도를 낮추고, 생산성 향상을 가로막는 병목으로 작용한다.

이러한 노동의 질적 한계는 단지 근로자 개인의 문제가 아니라, 한국 산업 전체의 경쟁력과 성장잠재력을 갉아먹는 구조적 리스크다.

노동의 질 향상을 위한 정책 전략

노동의 질을 높이기 위한 전략은 다음과 같이 종합적이어야 한다.

첫째, 일자리 질 중심 고용정책으로의 전환이 필요하다. 단순한 고용 창출 숫자에 집착하기보다, 고임금·고안정·고역량 일자리를 얼마나 늘릴 것인가를 정책 목표로 삼아야 하며, 이를 위한 질적 지표(임금, 고용기간, 복지, 승진률 등)를 설정하고 공개해야 한다.

둘째, 직무 중심의 인사 및 보상체계 확산이다. 직무 분석과 평가를 기반으로 한 임금체계와 승진 시스템을 확산시키고, 성과와 역량이 제대로 보상받을 수 있는 조직문화를 정착시켜야 한다. 이는 성과주의와 공정성의 균형을 동시에 담보할 수 있다.

셋째, 중소기업 노동환경 개선 지원 강화다. 중소기업의 임금·복지 수준을 높이기 위한 정책금융, 세제지원, 공동복지 플랫폼 구축 등을 통해 중소기업도 양질의 고용주로 성장할 수 있도록 여건을 조성해야 한다.

넷째, 직업교육과 재교육 인프라 확충이다. 고등교육-산업체 연계 강화, 지역 거점 직업훈련센터 확대, 성인 교육 바우처 제도 등 평생학습 기반의 인재 재구축 체계를 갖춰야 한다. 특히 디지털, AI, 탄소중립 관련 미래역량 중심 재훈련이 핵심이다.

다섯째, 일과 삶의 균형 확산이다. 노동시간 단축, 유연근무제, 가족친화제도, 건강한 노동환경 조성을 통해 근로자의 삶의 질을 높이는 것이 곧 생산성 향상으로 연결되는 구조를 설계해야 한다.

노동은 단지 생산의 투입요소가 아니라, 경제와 사회의 중심축이다. 노동의 질이 바로 국가의 경쟁력이다. 더 좋은 노동, 더 공정한 일터, 더 역량 있는 인재를 키워내는 것이야말로 저성장을 뚫고 나갈 진정한 해법이다.

평생학습과
재교육의 국가 시스템

일하는 방식이 바뀌는 시대, 교육도 새로 짜야 한다

　기술의 변화 속도는 점점 빨라지고 있다. 인공지능, 빅데이터, 자동화, 플랫폼 기술 등으로 인해 일의 개념과 직무의 성격이 빠르게 변화하고 있으며, 이에 따라 기존 교육 시스템만으로는 산업 현장의 수요를 충족시키기 어려운 상황이 지속되고 있다.

　평균 기대수명이 80세를 넘어서는 시대에, 한 번의 교육으로 평생을 살아갈 수 없는 것은 자명하다. 더구나 산업구조가 디지털·친환경 중심으로 급격히 전환되고, 청년 실업과 중장년 재취업, 고령화로 인한 노동력 재조정 문제가 겹치면서, 평생학습과 재교육은 국가의 인적자본 전략의 핵심축이 되어야 한다.

　그러나 현실은 그렇지 않다. 성인 재교육 체계는 파편화되어 있고, 직업훈련의 품질과 연계성도 부족하다. 교육과 노동, 산업정책이 단절된 채 움직이는 구조 속에서는 학습이 경쟁력이 아닌 부담으로 전락하고 있다. 지금 필요한 것은 평생학습을 국가전략 차원에서 재설계하는 일이다.

한국의 재교육 시스템, 무엇이 문제인가

현재 한국의 평생학습 및 재교육 시스템은 다음과 같은 병목을 안고 있다.

첫째, 공급자 중심의 훈련 체계다. 정부나 공공기관 중심의 교육 프로그램은 실제 현장 수요나 직무역량과는 괴리된 경우가 많고, 민간의 우수 콘텐츠는 제도 밖에 방치되는 경우도 적지 않다.

둘째, 직업 전환과 연계된 시스템 부재다. 훈련을 받아도 실제 일자리로 연결되지 않거나, 기업은 훈련받은 인재를 검증할 기준이 부족하여 채용을 망설인다. 이는 교육-고용 간 단절을 심화시킨다.

셋째, 중장년과 고령층을 위한 맞춤형 학습 인프라 부족이다. 생애 후반의 경력전환과 재취업을 지원하는 체계는 정보 접근성, 프로그램 다양성, 시간·장소 제약 등에서 실효성이 낮다.

넷째, 학력 중심의 사회 구조다. 여전히 학위와 학교 경력이 주요 판단 기준으로 작용하고 있어, 비정규 학습 경로의 인정이나 현장경험 기반의 교육이 제도적으로 차별받고 있다.

다섯째, 디지털 전환에 대한 교육 격차다. 디지털 역량은 모든 산업에 필수이지만, 취약계층·고령층·지역 간 정보 접근 격차가 존재하며, 이를 보완할 체계적인 디지털 평생교육 플랫폼이 부족하다.

평생학습 기반 국가전략 수립 방안

이제는 평생학습과 재교육을 국가 성장 전략의 핵심으로 삼아야 한다. 이를 위한 전략 과제는 다음과 같다.

첫째, 국가 평생학습 기본법 제정과 통합 컨트롤타워 설립이다. 부처별로 흩어진 재교육 사업과 예산을 통합하고, 고용-교육-복지-산업 간 연계를 담당하는 전담기구(예: 국가평생학습위원회)를 설치해 전략적 로드맵을 수립해야 한다.

둘째, 수요자 중심의 역량 기반 교육 체계 구축이다. 기업, 산업계, 지역사회가 주도하는 직무 중심 교육 콘텐츠 개발, 마이크로자격(Microcredential)인증 제도 도입, 직무별 경력·학습 이력 연계 데이터베이스 구축 등이 필요하다.

셋째, 지역 중심 학습 생태계 조성이다. 지역 대학, 지자체, 공공기관, 기업이 협력해 지역 맞춤형 평생교육 거점센터를 운영하고, 고령층·여성·경력단절자 등에게 특화된 교육 기회와 커리어 컨설팅을 제공해야 한다.

넷째, 디지털 기반 평생학습 플랫폼 확대다. AI 튜터, 데이터 기반 진단 시스템, 실시간 온라인 학습 환경 등 첨단 기술을 활용한 학습 환경 구축을 통해, 시간·공간 제약을 넘어선 유연한 교육 제공이 가능해야 한다.

다섯째, 고용-교육 간 연계 강화 및 인센티브 제도화다. 훈련 수료가 곧 고용으로 이어질 수 있도록 기업과의 협약 기반 교육 훈련 프로그램을 확대하고, 훈련 이수자에게 고용장려금·세액공제·장기저축 연계 인센티브를 제공해야 한다.

미래는 배운 사람이 아니라, 계속 배우는 사람이 살아남는 시대다. 평생학습은 선택이 아닌 생존 전략이며, 국가가 개인의 성장을 책임지고 함께 설계해야 할 영역이다. 지금이 바로 '학습 중심 국가'로 전환할 골든타임이다.

03
청년 고용정책의
패러다임 전환

'일자리는 있는데 청년은 없다'는 역설

한국의 청년실업률은 공식 통계상 하락하고 있으나, 청년들이 체감하는 일자리 현실은 여전히 혹독하다. 대학 졸업 후 바로 취업에 성공하는 비율은 낮고, 취업하더라도 본인의 전공과 무관하거나 비정규직·단기 일자리에 그치는 경우가 많다. 고용의 '숫자'는 잡혀도, 질과 안정성, 커리어 발전 가능성이 부족한 구조가 문제다.

현장에서는 "사람이 없다"는 기업들의 목소리가 크고, 청년들 사이에서는 "갈 만한 데가 없다"는 푸념이 넘친다. 이처럼 수요와 공급이 비껴가는 '고용 미스매치'는 구조적인 병목으로 작용하고, 청년 고용정책이 제대로 작동하지 않는 이유 중 하나다.

또한 공무원, 공기업, 대기업 중심의 쏠림 현상은 민간 중소기업이나 창업 영역에서의 기회를 축소시키고 있으며, 청년층의 도전과 자율성을 억누르는 구조로 고착되고 있다. 단기 정책이나 일회성 프로그램으로는 청년 고용의 구조적 문제를 해결하기 어렵다. 패러다임 자체의 전환이 필요하다.

현재 청년 고용정책의 구조적 한계

지금까지의 청년 고용정책은 대부분 취업 알선, 단기 보조금, 채용 장려금 등의 수단에 집중돼 왔다. 그러나 이런 방식은 다음과 같은 구조적 한계를 안고 있다.

첫째, 일자리의 질을 고려하지 않은 수치 중심 정책이다. 고용률 제고에만 초점을 맞추다 보니, 단기 인턴, 기간제 일자리, 공공일자리 확대에 의존하는 경우가 많아 청년의 장기 커리어 형성에는 기여도가 낮다.

둘째, 정책 수혜 대상의 편중이다. 청년 내에서도 고학력자, 수도권 거주자, 전공 맞춤형 대상에게 정책이 집중되고, 직업훈련이나 정보 접근에서 소외되는 비수도권·비전공·중소기업 지향 청년은 상대적으로 소외되는 경향이 있다.

셋째, 산업 수요와 연계되지 않은 훈련 시스템이다. 국가직무능력표준(NCS) 기반 훈련은 이론 중심으로 구성되어 있고, 현장 실습이나 산업 맞춤형 경험이 부족하여 실제 취업에 필요한 역량과 거리가 있다.

넷째, 청년의 자율성과 선택권을 제한하는 방식이다. 청년은 동기와 방향성이 분명한 지원을 원하지만, 다수의 정책은 "어디든 일단 취업하라"는 메시지를 담고 있으며, 이는 직무 만족도와 근속률을 낮추고 고용의 지속성을 해친다.

다섯째, 청년 창업과 프리랜서 직군에 대한 인프라 미흡이다. 청년 창업은 여전히 금융과 세무, 네트워크 부족으로 어려움을 겪고 있으며, 플랫폼·콘텐츠·프리랜서 영역은 정책의 사각지대에 머무르고 있다.

청년 중심 고용생태계로의 전략적 전환

청년 고용정책은 이제 '보조'나 '지원'의 틀을 넘어, 청년이 주도하고 참여하며, 지속 가능한 커리어를 설계할 수 있도록 돕는 생태계 중심 전략으로 전환해야 한다. 다음의 전략이 핵심이다.

첫째, 커리어 기반 고용정책으로 전환해야 한다. 일자리를 '숫자'가 아닌 '경력'으로 정의하고, 청년이 성장할 수 있는 분야에서 커리어를 설계할 수 있도록 경력 사다리형 일자리, 역량 기반 채용, 장기 멘토링·코칭 시스템을 도입해야 한다.

둘째, 산업 수요기반 직업훈련 체계의 재설계다. 민간 기업과 협력한 인턴십 연계형 교육, 현장 실습 중심 훈련, 산업 맞춤형 마이

크로디그리 등을 통해 훈련이 곧 고용으로 이어지도록 설계해야 한다. 특히 AI, 디지털, 바이오, ESG 등 미래산업을 중심으로 선제적 교육과 취업 연계를 강화해야 한다.

셋째, 지역 청년을 위한 맞춤형 고용정책 확산이다. 지역 내 기업과 대학, 지자체가 협력해 지역기반 청년 일자리 클러스터, 청년 창업 육성센터, 주거-일자리-문화 복합공간을 조성하고, 비수도권 청년의 이탈을 막아야 한다.

넷째, 청년 창업 생태계 강화와 제도지원 확대다. 초기 자본이 부족한 청년들에게 소액 창업 펀드, 공공보증 강화, 창업실패 재도전 보험제도 등을 통해 리스크를 분산시키고, 멘토링·마케팅·판로 연계 비재무적 지원 인프라도 강화해야 한다.

다섯째, 청년 중심 정책 설계와 참여 보장이다. 청년이 직접 정책을 제안하고 설계에 참여하는 청년정책참여 플랫폼, 지방청년정책협의회, 온라인 정책 해커톤 등을 활성화하고, 정책 실행 과정에서 피드백이 반영되는 구조를 만들어야 한다.

청년 고용은 국가 성장의 씨앗을 뿌리는 일이다. 단기 일자리를 제공하는 데서 멈출 것이 아니라, 청년이 꿈을 꾸고 도전하고 실패해도 다시 일어설 수 있는 생태계를 만들어야 한다. 그것이 '청년을 위한' 정부에서 '청년이 함께 설계하는' 정부로 가는 길이며, 저성장을 돌파할 가장 강력한 성장 전략이 될 것이다.

04

여성·고령층의
경제참여 확대

인구 구조 변화, 참여의 확대 없이는 답이 없다

한국은 세계에서 가장 빠르게 고령화가 진행되고 있으며, 여성의 고학력화는 이미 정점을 넘어섰다. 하지만 경제활동 참여율은 여전히 선진국 평균에 미치지 못하며, 특히 출산·육아기 여성의 경력단절, 고령층의 조기 퇴직, 비정형 노동의 확산은 심각한 사회적 손실을 초래하고 있다.

통계청에 따르면, 2024년 기준 한국의 여성 경제활동 참가율은 약 60%대 초반으로 OECD 평균보다 낮고, 30대 여성의 경우 경력단절률이 여전히 높다. 고령층(60세 이상)의 경우에도, 의지는 있으나 건강·기술·근로환경 등 제약 요인으로 인해 지속 고용이 어렵다.

이는 단지 사회적 형평성의 문제가 아니라, 성장잠재력의 문제다. 저출산과 고령화가 겹치는 구조 속에서 노동 공급을 유지하고, 산업의 활력을 이어가기 위해서는 여성과 고령층의 잠재력을 끌어내는 전략이 반드시 필요하다.

참여를 가로막는 구조적 장벽들

여성과 고령층의 경제참여가 낮은 것은 '의지'가 부족해서가 아니다. 사회와 제도의 장벽이 여전히 높고, 노동시장 구조가 배타적이기 때문이다.

첫째, 여성은 경력단절 이후 재취업의 벽이 높다. 육아휴직 제도는 확대되었으나 실질적인 사용률은 중소기업·비정규직에서 낮고, 복귀 후 적절한 직무 배치와 경력 관리 시스템이 미흡하다. 또한 채용에서부터 성별에 따른 직무 배제, 승진의 유리천장, 정시퇴근 불가 문화가 여전히 뿌리 깊다.

둘째, 고령층은 조기 퇴직 이후 일할 기회가 줄어든다. 퇴직 후 재취업을 원해도, 직무가 고령 친화적이지 않거나, 디지털 역량이 요구되는 환경에서 소외되기 쉽다. 특히 제조업과 건설업 중심의 고령 일자리 구조는 신체적 부담이 크고, 안정성이 낮다.

셋째, 사회 전반에 걸쳐 '정상 근로자 모델'이 30~50대 남성 정규직 중심으로 고착되어 있다. 이에 따라 시간제, 재택, 프로젝트형 등 다양한 고용 형태에 대한 제도적 뒷받침이 부족하며, 이는 여성과 고령층에게 불리하게 작용한다.

넷째, 세대·성별 간의 심리적·문화적 차이와 편견도 여전히 장애물이다. 여성의 전일제 근로에 대한 가족 내부의 부담, 고령자의 능력에 대한 편견, 채용에서의 나이 제한 등은 보이지 않는 장벽으로 남아 있다.

생산가능인구 확장을 위한 정책 전환

여성과 고령층의 경제활동 참여를 확대하기 위해서는 형식적 참여가 아니라, 실질적 참여를 가능케 하는 구조적 변화가 필요하다. 이를 위한 전략적 접근은 다음과 같다.

첫째, 경력단절 예방부터 재취업까지 전주기 여성 고용지원 체계를 정비해야 한다. 육아휴직 사용권 보장, 중소기업의 대체인력 지원, 복귀자 직무 재설계, 워킹맘 전담 고용센터 운영 등 경력단절의 예방과 복귀의 촉진을 함께 도모해야 한다.

둘째, 유연 근무와 시간제 일자리의 질 개선이 필요하다. 단기·시간제 근로가 저임금·비정규직이 아닌 전문직·기술직에서도 정규직처럼 인정받을 수 있도록 제도 설계와 기업 인센티브 체계를 마련해야 한다. 이를 통해 육아기 여성, 은퇴자, 가족돌봄자 등 다양한 집단의 참여를 유도할 수 있다.

셋째, 고령층을 위한 맞춤형 일자리 모델 개발이 필요하다. 단순 노무 중심의 고령자 일자리를 넘어, 지식과 경험 기반 직무, 지역 커뮤니티 일자리, 멘토링 및 컨설팅 등 제3섹터 기반의 일자리로 전환해야 한다. 디지털 격차를 해소하는 고령자 IT 교육과 리스킬링 프로그램도 병행돼야 한다.

넷째, 여성·고령 친화적 산업 육성과 지원이 중요하다. 돌봄, 교육, 요양, 건강, 친환경 산업 등 여성과 고령자가 강점을 갖는 분야에 대한 정책적 집중과 민간 유인을 강화해야 한다. 특히 이들

산업에 대한 사회적 가치 평가와 공공조달 연계도 고려할 필요가 있다.

다섯째, 차별 해소와 인식 전환을 위한 캠페인 및 제도 정비가 병행돼야 한다. 성별·연령에 따른 임금 격차 해소, 채용 공정성 확보, 기업의 다양성 지수 도입 등은 참여의 문턱을 낮추는 기초 작업이다.

여성과 고령층은 '보호의 대상'이 아니라 '성장의 주체'다. 그들의 경제 참여는 복지 비용을 줄이는 수단이 아니라, 노동공급 확대, 소비시장 다변화, 사회 안정성 강화라는 세 마리 토끼를 잡는 전략이 될 수 있다. 저성장을 극복하려는 한국 경제의 새로운 길은, 이들이 일할 수 있는 나라를 만드는 데서 시작된다.

비정규직 문제의
근본 해법

비정규직 고착, 양극화와 저성장의 연결고리

한국 노동시장에서 비정규직은 더 이상 예외적인 고용 형태가 아니다. 2024년 기준 전체 임금근로자 중 약 35%가 비정규직으로 집계되며, 그 수는 약 750만 명에 달한다. 단기 계약직, 파견·용역직, 시간제 노동자 등 다양한 형태로 분화된 비정규직은 노동시장의 이중 구조를 고착화시키고, 소득 불균형과 사회적 양극화를 확대하는 주된 요인 중 하나로 작용하고 있다.

비정규직은 대체로 낮은 임금, 열악한 복지, 불안정한 고용, 승진 기회의 제한, 교육 훈련의 배제 등 노동의 질 측면에서 구조적으로 불리한 조건에 놓여 있다. 이러한 조건은 단지 개인의 삶의 질을 떨어뜨릴 뿐만 아니라, 소비 여력을 제한하고, 장기적 노동생산성을 저하시켜 경제 전반의 활력에도 부정적인 영향을 미친다.

특히 청년, 여성, 고령층, 저소득층 등이 비정규직에 과도하게 집중되어 있는 현실은 사회 통합의 기반을 약화시키고, 계층 간 단절을 심화시키는 결과를 낳는다. 이제 비정규직 문제는 단순한 고용 형태의 문제가 아니라, 한국 경제의 지속가능성과 직결된 구조적 과제다.

왜 비정규직은 줄어들지 않는가

비정규직 문제는 그동안 많은 정책적 노력에도 불구하고 해소되지 않고 있다. 그 이유는 다음과 같은 구조적 복합 요인 때문이다.

첫째, 정규직 채용에 대한 기업의 높은 부담이다. 고용 보호 강도가 강하고 해고가 어려운 구조 속에서, 기업은 정규직 채용에 대해 신중할 수밖에 없다. 특히 경기 변동에 민감한 업종일수록 비정규직 선호가 구조화된다.

둘째, 공공부문조차 비정규직 고용을 남용하고 있다. 각종 위탁, 파견, 무기계약직 형태로 공공기관 내 비정규직이 광범위하게 활용되며, 정책의 일관성과 신뢰성에 의문을 낳는다.

셋째, 비정규직의 '정규직화' 정책의 부작용이다. 무리한 정규직 전환 추진은 신규 채용 축소, 내부 반발, 외주화의 증가 등 오히려 노동시장 유연성을 저해하거나 전환의 실효성을 떨어뜨리는 결과를 낳기도 한다.

넷째, 플랫폼·프리랜서 확산 등 고용 형태 다변화도 비정규직 범주를 확장시키고 있다. 기존의 근로기준법이 이들 고용 형태를 포괄하지 못하면서, 법적 보호 사각지대가 확대되고 있다.

다섯째, 노동시장 내 차별 구조가 고착되어 있다. 동일한 업무를 수행하더라도 정규직과 비정규직 간 임금과 복지, 승진 기회에서 구조적인 차별이 존재하며, 이로 인해 '차별을 통한 비용 절감'이라는 유인이 지속적으로 작동하고 있다.

이중구조 해소를 위한 종합 전략

비정규직 문제의 근본 해법은 정규직화라는 단일 해답이 아니라, 노동시장의 전체 구조를 개혁하고, 고용의 질적 기준을 재정립하는 종합 전략에서 찾아야 한다.

첫째, '동일가치노동-동일보상' 원칙을 확립해야 한다. 동일한 업무를 수행하는 노동자에게는 고용 형태에 관계없이 동등한 임금, 복지, 승진 기회를 보장하는 법제화와 이행 점검 시스템이 필요하다. 이를 통해 형식적 고용 구분이 실질적 차별로 이어지지 않도록 해야 한다.

둘째, 중소기업 중심의 고용 환경 개선이 핵심이다. 중소기업이 비정규직을 정규직으로 전환하거나, 고용 안정을 도모할 수 있도록 세제 혜택, 고용보조금, 공동복지 플랫폼 등 실질적 인센티브를 제공해야 한다.

셋째, 고용 유연성과 고용 안정의 균형 재설계가 필요하다. 정규직 해고 관련 법제를 합리적으로 정비하고, 기업의 고용 유연성을 제고하는 한편, 이직·전직·실업에 대한 보완적 안전망을 강화해 유연하지만 안정적인 노동시장을 조성해야 한다.

넷째, 공공부문부터 모범적 고용 기준을 확립해야 한다. 공공기관은 비정규직 남용을 자제하고, 필수서비스 분야에 대해 정규직 채용을 원칙화하며, 파견·위탁의 최소화 기준을 제도화해야 한다.

다섯째, 플랫폼·프리랜서 등 새로운 노동형태에 대한 제도 정비다. 이들을 포괄할 수 있는 '특수형태근로자 보호법', '플랫폼노동기본법' 등 신법 제정과 사회보험 연계 시스템 구축을 통해 노동의 변화에 대응하는 제도 유연성을 확보해야 한다.

비정규직 문제는 단순한 법률 문제가 아니다. 노동의 가치에 대한 사회적 합의, 기업의 책임윤리, 정부의 촘촘한 제도 설계가 맞물릴 때 비로소 해결의 실마리를 찾을 수 있다. 저성장 시대의 돌파구는 모든 노동이 존중받고, 각자의 기여가 공정하게 평가되는 사회에서 가능하다.

06 근로시간 단축과 생산성의 균형

단축된 근로시간, 진짜 일은 줄어들었는가

한국은 한때 OECD 국가 중 최장 근로시간을 기록하던 나라였다. 그러나 2018년부터 주 52시간제 도입, 연차 촉진 제도 강화, 유연근무제 확산 등 다양한 조치들이 시행되면서 표면적인 평균 근로시간은 점차 감소하는 추세를 보이고 있다. 통계상 연간 노동시간은 1,900시간 수준으로 OECD 평균과 차이는 줄었으나 실제 노동자의 체감은 여전히 '과로사회'에 가깝다.

특히 업종별, 직군별, 기업 규모별 격차는 상당하다. 중소기업·서비스업·플랫폼 노동자 등은 여전히 장시간 노동에 시달리고 있으며, 반면 대기업·공공기관 중심으로는 비교적 엄격한 시간 관리가 이루어지고 있다. 근로시간 단축이 모든 노동자에게 균등하게 적용되지 못하고 있는 셈이다.

또한 근로시간은 줄었지만 업무 강도와 몰입도가 오히려 증가한 '집약형 노동'이 심화되고 있다. 과도한 보고, 무리한 성과 목표, 야간·휴일 이메일 등 디지털 기술의 양날의 검은 노동자에게 실질적 '쉼'을 허용하지 않는다.

근로시간 단축은 분명히 가야 할 방향이나, 제대로 작동하지 않으면 오히려 생산성 저하, 노동 강도 증가, 소득 감소라는 부작용을 낳는다. 따라서 '시간을 줄이는 것'만이 아니라 일의 방식과 노동 시스템 전체를 함께 개선해야 실질적 효과를 거둘 수 있다.

근로시간 단축이 생산성으로 이어지지 않는 이유

한국은 근로시간을 줄였으나 그것이 바로 생산성 향상으로 이어지지 않고 있다. 이는 다음과 같은 구조적 요인 때문이다.

첫째, 업무 프로세스와 일 문화의 낙후다. 여전히 회의 중심 문화, 불필요한 보고체계, 비효율적인 커뮤니케이션이 만연하며, 이는 짧은 시간 안에 고성과를 내는 데 방해 요인이 된다.

둘째, 성과 중심보다는 시간 중심의 평가 체계다. 노동자의 기여도를 시간 투입 기준으로 측정하는 문화가 잔존해, 근로시간 단축이 곧 '일 안 하는 사람'이라는 낙인으로 작용하는 경우도 적지 않다.

셋째, 직무와 성과에 맞는 인력 배치의 미흡이다. 인력 충원 없이 시간만 줄이게 되면 한 사람이 떠안아야 할 업무량이 그대로 유지되거나 증가해 오히려 피로도만 높아진다. 특히 중소기업·공공부문에서는 대체인력 확보가 어려운 구조다.

넷째, 일과 삶의 균형에 대한 인식 부족이다. 근로시간 단축은 단지 법적 조정이 아니라, 노동자가 실제로 쉴 수 있는 문화와 제도적 장치가 동반돼야 한다. 그렇지 않으면 퇴근 후 업무 지시, 주말 업무 연장 등 보이지 않는 노동이 늘어난다.

다섯째, 생산성 혁신을 위한 디지털 인프라와 역량 부족이다. 디지털 기술은 노동의 효율성을 높이는 데 결정적 역할을 할 수 있으나, 기술 도입에 대한 이해와 활용도가 기업 규모별로 편차가 커 생산성의 편차로 이어지고 있다.

이러한 요인들은 단순히 근로시간을 줄이는 것만으로는 생산성 향상과 삶의 질 개선이라는 목표를 달성할 수 없음을 시사한다.

'시간'이 아니라 '성과'로 일하는 사회로

근로시간 단축과 생산성 향상은 상충하는 개념이 아니라, 제대로 설계되면 서로를 보완하는 전략이 될 수 있다. 이를 위한 정책적 접근은 다음과 같다.

첫째, 성과 중심의 노동평가 체계 도입이다. 단순한 '얼마나 오래 일했는가'가 아니라 '무엇을 어떻게 성취했는가'에 주목하는 성과 기반 인사제도와 보상 시스템을 확산시켜야 한다. 이는 시간 감축에 따른 노동자 불신이나 소극적 분위기를 해소할 수 있다.

둘째, 유연근무제의 정착과 제도화다. 시차 출퇴근제, 주4일제, 원격근무, 집중근무제 등 다양한 시간 활용 모델을 산업별 특성에 맞게 도입하고, 이를 제도적으로 보호하고 장려해야 한다. 특히 공공부문이 선도적으로 유연근무제 정착에 앞장설 필요가 있다.

셋째, 중소기업의 생산성 향상 지원이다. 중소기업은 근로시간 단축에 따른 인력 부담이 크므로, 업무 자동화, 디지털 전환, 공동근로 인프라 구축, 스마트워크 솔루션 보급 등을 통해 업무 효율성을 높일 수 있도록 정부가 적극 지원해야 한다.

넷째, 휴식과 재충전이 실질적으로 가능한 환경 조성이다. 연차 소진율 제고, 야간·휴일 연락 자제 문화 확산, 디지털 디톡스 캠페인 등 조직 내 심리적 여유와 워라밸 인식 제고를 병행해야 한다. 나아가 '쉼의 권리'를 사회적 가치로 재정의할 필요도 있다.

다섯째, 생산성-임금 간 연계 강화다. 근로시간이 줄더라도 생산성이 유지되거나 높아진다면, 그 효과가 임금과 복지로 환류될 수 있도록 제도화해야 한다. 반대로 생산성 저하가 심각한 경우, 성과 개선을 위한 협약과 조정 절차를 명확히 해야 한다.

근로시간 단축은 단지 노동자의 권익 보호를 위한 조치가 아니라, 경제의 효율성과 사회의 지속가능성을 높이기 위한 성장 전략이다. 핵심은 '얼마나 오래 일했는가'가 아니라 '무엇을 이뤘는가'에 집중하는 시스템을 만드는 것이다. 한국 사회가 '일 잘하는 나라'

로 전환되기 위한 첫걸음은, 일하는 방식의 근본적 혁신에서 시작된다.

고용 안정과
유연성의 조화

안정만 강조해도, 유연성만 추구해도 실패한다

고용 안정과 유연성은 노동시장 정책의 양대 축이다. 그러나 한국에서는 이 두 가지가 서로 양립 불가능한 가치처럼 인식되어 왔다. 노동계는 해고나 직무 변경 등 유연성 강화 정책에 반발하고, 사용자 측은 경직된 고용제도와 해고 규제를 이유로 정규직 채용을 꺼린다.

그 결과, 한국의 노동시장은 이중구조라는 기형적 형태로 진화해 왔다. 정규직은 높은 보호를 받는 대신 기업은 비정규직을 늘리거나 외주화를 통해 유연성을 확보하려 한다. 반대로 비정규직은 유연하지만 불안정하고 차별적인 위치에 놓인다. 이러한 양극화는 전체 노동시장의 신뢰와 생산성을 저해하고, 청년과 중장년층 모두에게 고용 불안을 심화시킨다.

고용 안정과 유연성은 상호 대립되는 개념이 아니다. 잘 설계된 제도 속에서는 이 두 요소가 균형을 이루며 상생할 수 있다. 이제는 '정규직 보호 vs 비정규직 유연성'이라는 낡은 프레임을 벗어나, 노동시장 전체의 안정성과 역동성을 함께 설계할 필요가 있다.

한국 노동시장의 양극화와 유연성의 왜곡

한국은 OECD 국가 중에서도 고용 보호 수준은 높은 반면, 해고 비용과 절차의 경직성이 강하고, 이로 인해 정규직 중심의 고용은 제한되고 있다. 기업은 경영 환경 변화에 탄력적으로 대응하기 위해 비정규직, 파견, 계약직을 적극 활용하고 있으나, 이는 일자리의 질 하락과 불안정 고용의 확산으로 귀결된다.

첫째, 정규직 해고의 법적·제도적 장벽은 높다. 해고의 정당성, 절차 요건, 복직 명령 등으로 인해 기업은 인력 구조조정을 꺼리며, 이는 조직 유연성을 해친다. 특히 중소기업은 노무 리스크를 우려해 비정규직이나 외주로 회피하는 경우가 많다.

둘째, 유연성은 주로 비정규직 고용 확대라는 방식으로 구현된다. 이는 고용의 이중화를 낳고, 노동자의 생계 안정성과 커리어 발전 기회를 저해한다. 특히 청년과 여성은 진입 시점부터 불안정 고용을 감내해야 하는 구조적 제약에 직면한다.

셋째, '회사는 안 잘리지만 일은 떠넘기는' 방식의 내부 유연화가 오히려 근로자의 스트레스와 과중 업무, 성과 압박을 강화하고 있다. 즉, 안정은 허울뿐이고, 유연성은 일방적 부담으로 작동하는 왜곡된 구조다.

넷째, 전직·재취업을 위한 전환지원 시스템이 미비하다. 해고 후 재교육·재배치·직무훈련이 제대로 이루어지지 않아 노동자의 이동 가능성이 낮고, 이는 노동시장의 경직성과 직접 연결된다.

'안정 속 유연성', 실현 가능한 노동시장 전략

고용 안정과 유연성이 조화를 이루기 위해서는, 기존 고용모델을 대체하거나 보완하는 제도 설계가 필요하다. 다음의 전략이 요구된다.

첫째, 정규직 중심의 고용 보호 제도를 합리화해야 한다. 해고 요건을 명확히 하고, 성과 기반 전환·직무 전환 제도를 법제화하며, 법적 분쟁이 아닌 노사 간 협의 절차 강화를 통해 기업의 조직 관리 유연성을 확대해야 한다.

둘째, 전환형 일자리 모델 도입이 필요하다. 비정규직이 일정 조건을 충족하면 정규직으로 자동 전환되거나, 기간제 근로자가 역량 개발을 통해 고용 안정으로 나아갈 수 있는 사다리형 고용설계가 필요하다. 이를 위해 정규직과 유사한 처우를 보장하는 준정규직 제도도 검토할 수 있다.

셋째, 사회안전망과 전직(轉職) 지원 시스템 확충이다. 고용보험 보장 범위를 넓히고, 실업급여의 질과 지속 기간을 합리적으로 조정하며, 맞춤형 전직 컨설팅, 지역 기반 재교육 인프라 구축등을 통해 퇴직 후 재도전의 기회를 실질화해야 한다.

넷째, 직무 중심 인사체계 정착이다. 직무 기반 채용, 성과 기반 임금체계, 유연한 직무 이동이 가능하도록 제도를 개편하고, 이를 통해 고용 형태가 아닌 역량과 기여 중심의 인사 구조로 전환해야 한다. 이는 고용 유연성과 직무 전문성의 균형을 가져올 수 있다.

다섯째, 공공부문이 모범 고용모델을 선도해야 한다. 단기 계약과 용역의 남용을 줄이고, 정규직 전환을 투명하고 공정하게 시행하며, 유연 근무와 전직 지원을 제도화한 공공 고용모델을 제시할 필요가 있다.

고용 안정 없는 유연성은 착취가 되고, 유연성 없는 안정은 정체가 된다. 진정한 노동시장 혁신은 양자택일이 아니라 균형과 설계의 문제다. 안정과 유연성, 그 사이에서 한국 경제는 지속 가능한 성장의 인재 기반을 만들어야 한다. 그것이 바로 저성장을 넘어서기 위한 인적 구조의 리셋이다.

공공일자리보다
민간일자리 중심으로

공공일자리 확대의 한계와 착시 효과

경제 위기나 고용 충격이 발생할 때마다 정부는 공공일자리 확대 카드를 꺼내 들었다. 단기성 직접 일자리, 지자체 공공근로, 사회서비스 일자리 등의 형태로 고용창출 수치를 끌어올려 왔다. 코로나19 이후 몇 년 동안 수십만 개의 공공일자리가 만들어졌고, 고용률 통계도 일정 부분 개선되었다.

하지만 이는 단기 처방에 그쳤을 뿐, 구조적 고용 문제 해결에는 미치지 못했다. 공공일자리는 대체로 단기·시간제·고령층 대상이 많아 생산성과 지속가능성이 낮고, 민간일자리에 비해 기술 축적이나 커리어 개발의 효과도 제한적이다.

또한 공공일자리는 정부 재정에 의존하는 만큼 예산이 마르면 일자리도 사라지는 한계를 지닌다. 최근에는 노인 일자리 사업의 과잉 의존, 행정 비효율의 확대, 실적 중심의 '보여주기식 일자리' 운영에 대한 비판도 커지고 있다.

결국 공공일자리는 사회안전망의 보완 수단이어야지, 고용정책의 중심이 되어서는 안 된다. 일자리의 질과 지속가능성을 생각할 때, 중심축은 반드시 민간 부문이어야 한다.

민간일자리 생태계의 구조적 병목

민간일자리 중심 전략이 필요하다는 데에는 이견이 없다. 그러나 현실적으로는 기업이 양질의 일자리를 만들기 어려운 환경이 여전하다.

첫째, 중소기업·창업기업의 고용 창출 여력이 낮다. 생산성, 자본력, 브랜드 인지도 모두 대기업에 비해 열세인 중소기업은 인력 채용 시 경쟁력이 부족하다. 고용하려 해도 사람을 구하지 못하거나, 구해도 이탈률이 높다.

둘째, 산업구조 자체의 고용 유발력이 낮아지고 있다. 플랫폼 산업, 자동화, 디지털화가 빠르게 진행되면서 과거 제조업 중심의 고용 창출 모델이 흔들리고 있으며, 신산업은 아직 일자리 기반이 취약하다.

셋째, 노동시장 유연성이 낮아 신규 채용이 부담스러운 구조다. 해고에 대한 사회적 저항, 정규직·비정규직 간 격차, 복잡한 노동 관련 법규는 기업으로 하여금 '채용보다 외주'를 선택하게 만든다.

넷째, 청년층의 직업 선호와 중소기업 현실 간 간극도 크다. 많은 청년이 대기업·공공기관에 쏠려 있어, 실제로 구직자와 구인처가 서로를 외면하는 일자리 미스매치가 심화되고 있다.

다섯째, 정부의 일자리 정책이 단기성 보조금 위주로 편중되어 있다. 일시적 채용 장려금이나 인건비 지원은 기업의 장기 고용 유인을 약화시키고, 정책 종료 시점에 일자리가 사라지는 구조로 이어진다.

민간일자리 중심 고용정책의 재정립

이제는 공공일자리에 의존하지 않고, 민간이 자생적으로 고용을 창출하고 유지할 수 있는 생태계 조성이 핵심 과제가 되어야 한다. 이를 위한 전략은 다음과 같다.

첫째, 고용 유발력이 높은 산업에 대한 전략적 투자다. 제조업 스마트화, 디지털 전환, 지역 기반 문화·관광 산업, 바이오·친환경 산업 등 사람이 중심이 되는 산업에 집중 투자하고, 지역 산업 맞춤형 일자리 클러스터를 조성해야 한다.

둘째, 중소기업의 인력 채용 역량 강화다. 채용보조금이나 일회성 정책에서 벗어나, 중소기업 브랜드 가치 제고, 공동복지 인프라, 직무교육 연계형 채용 시스템을 지원하여, 중소기업이 구직자에게 매력적인 고용주가 되도록 돕는 방향으로 바꿔야 한다.

셋째, 직업훈련과 현장실습의 통합 강화다. 직무 중심 훈련 프로그램, 채용연계 인턴제도, 산업-대학 협력 기반의 OJT(직장 내 교육훈련) 확대 등을 통해 현장 감각 있는 인재가 곧바로 일자리에 안착할 수 있는 구조를 만들어야 한다.

넷째, 노동시장 유연성과 사회안전망의 조화다. 채용과 해고의 유연성을 일정 수준 보장하되, 실업자에 대한 재취업 훈련, 실업급여, 전직 컨설팅 시스템 강화를 통해 기업은 고용을, 노동자는 도전을 두려워하지 않는 환경을 조성해야 한다.

다섯째, 민간일자리 중심의 고용지표와 성과 측정 기준 개선이다. 단순 고용률이나 실적 위주의 단기 평가지표에서 벗어나, 일자리 질, 민간 고용 지속성, 산업별 고용 창출력 등을 종합적으로 반영하는 지표로 고용정책의 평가체계를 전면 개편해야 한다.

'좋은 일자리'는 안정적이면서도 성장 가능성이 있고, 개인에게 커리어를 제공하며, 사회에 기여하는 구조를 갖춘 것이다. 그 중심에는 정부가 아니라 민간이 있어야 한다. 공공이 주도하는 일자리 정책은 이제 조정자와 촉진자의 역할로 전환되어야 하며, 진정한 고용의 주체는 민간에서 나와야 한다.

이민정책,
인구절벽의 전략적 대응

인구절벽의 그림자, 단순한 출산 장려로는 막을 수 없다

한국은 이미 '인구절벽'의 현실에 진입했다. 2023년 합계출산율은 0.72명으로 세계 최저 수준을 기록했고, 생산가능인구는 감소세로 전환되었으며, 지역 소멸과 고령화 사회의 충격은 점차 가시화되고 있다. 그 여파는 노동력 공급, 소비시장, 지역 경제, 복지재정 전반에 파고들고 있다.

정부는 출산 장려금, 보육 지원, 주거 대책 등 다양한 대책을 쏟아내고 있으나, 출산율 회복의 실질적 전환점을 만들지 못하고 있다. 수요자의 삶의 조건이 바뀌지 않는 상황에서 출산을 장려하는 것은 현실 인식의 한계다.

이제는 출산율 회복만으로 이 구조적 위기를 막기 어렵다는 점을 직시해야 한다. 노동력 부족과 인구 감소를 보완할 수 있는 전략 중 하나는 '이민정책의 대전환'이다. 단순한 외국인 노동자 수용을 넘어, 지속 가능한 인재 유입과 사회 통합을 전제로 한 국가

전략으로서의 이민정책이 필요하다.

기존 외국인 고용정책의 한계와 통합 부재

한국의 외국인 고용정책은 주로 단순 기능인력 수급을 위한 한시적 제도에 머물러 있다. 고용허가제(E-9), 방문취업(H-2), 비전문취업비자 등은 산업 현장의 부족 인력을 채우는 데 초점을 맞추고 있다. 이 제도들은 일정 역할을 했으나 다음과 같은 한계를 안고 있다.

첫째, 장기 체류와 사회 통합을 고려하지 않은 단기 중심 구조다. 대부분의 외국인 근로자는 체류 기간이 제한되어 있고, 숙련 수준이 높아도 정주와 이민의 경로가 막혀 있어 반복적 입출국 구조에 머무른다.

둘째, 산업별 편중과 지역 집중이다. 제조업·건설업·농축산업 등 일부 업종에 외국인이 집중되면서 지역 간 인구 균형 회복에는 미치는 영향이 제한적이다.

셋째, 이민자 통합정책의 미비다. 언어 교육, 주거, 자녀 교육, 사회적 연계망, 차별 해소 등 이민자 정착을 위한 제도적 지원이 부족하다. 이는 장기적으로 이민자와 지역사회의 갈등, 고립, 역차별 논란을 야기한다.

넷째, 고급 인재 유치 전략의 부재다. IT, 바이오, 인공지능, R&D 등 첨단 산업에 필요한 글로벌 인재를 유치하려는 전략은 아직 초기 단계에 머무르고 있다. 대학 졸업 후 잔류 비자, 창업 비자, 영주권 진입 구조 등이 복잡하고 매력도가 떨어진다.

다섯째, 이민정책을 총괄할 전담기구와 로드맵 부재다. 외국인 관련 정책이 고용노동부, 법무부, 교육부, 지자체 등 여러 부처로 분산되어 있어, 통합성과 전략성이 떨어지는 비효율적 구조다.

전략적 이민정책으로의 전환 과제

한국이 지속 가능한 사회로 나아가기 위해서는 '기피된 필요'였던 이민정책을 '전략적 선택'으로 승격시켜야 한다. 다음의 구조적 전환이 요구된다.

첫째, '정주형 이민정책'으로의 전환이다. 외국인 인력의 단기 순환 대신, 장기 체류와 가족 동반, 사회 통합이 가능한 이민 유입 구조로 재설계해야 한다. 특히 농촌, 지방 소도시, 고령화 지역 중심으로 지역 정착형 이민 유도 정책을 설계할 필요가 있다.

둘째, 이민자의 사회통합 지원 체계 강화다. 한국어 교육, 직업 훈련, 다문화 교육, 주거·보육·의료 지원, 지방 커뮤니티와의 연계 프로그램 등을 통합적으로 제공해야 한다. 이를 위해 지역 이민지

원센터를 확대하고, 민관 협력 모델을 구축해야 한다.

셋째, 고급인재 유치 및 잔류 유도 전략 강화다. STEM 분야 외국 유학생에 대한 졸업 후 비자 완화, 창업 비자 확대, 연구기관 연계형 취업 경로 등을 통해 국내 정착 유인을 높여야 하며, 일정 요건을 갖춘 경우 간소한 영주권 전환 경로도 마련할 필요가 있다.

넷째, 통합 이민정책 컨트롤타워 설립이다. 현재의 부처 간 분산구조로는 종합전략 수립이 어렵다. 국무총리 산하 또는 대통령 직속 형태의 이민전략기획단을 신설하고, 중장기 로드맵 수립과 부처 간 정책 조정을 총괄하는 구조가 필요하다.

다섯째, 국민과의 소통과 사회적 합의 도출이다. 이민에 대한 막연한 불안감이나 역차별 논란을 방지하기 위해, 정보 공개, 정책 설명, 이민자 성공 사례 발굴, 공론화 과정 등을 제도화하여 이민 정책의 정당성과 국민 신뢰를 확보해야 한다.

이민은 단지 인력 충원을 위한 기술적 수단이 아니라, 인구 구조, 지역균형, 산업경쟁력, 사회 통합을 동시에 관통하는 국가전략이다. 더 이상 뒤늦은 대응으로 흘러보낼 수 없다. 지금이야말로 한국이 '다문화 시대'가 아닌 '다민족 사회'로의 전환을 준비할 골든타임이다.

교육혁신이
인재혁신이다

낡은 교육시스템, 미래인재를 가두고 있다

한국은 세계에서 손꼽히는 고등교육 이수율을 자랑하지만, 역설적으로 교육이 인재혁신을 가로막는 구조적 제약이 되고 있다. 대학 입시 중심의 교육, 암기 위주의 수업, 평가를 위한 교육과정은 학생들의 창의성·자율성·비판적 사고를 억누르며, 노동시장과의 연계성도 극히 낮다.

특히 4차 산업혁명, 디지털 대전환, 저성장 구조의 심화 속에서 교육의 역할은 단순한 지식 전달을 넘어 미래를 준비하는 기반이 되어야 하지만, 한국의 교육은 여전히 입시·학벌·정규학위 중심에서 벗어나지 못하고 있다.

초중고 교육은 여전히 주입식에 갇혀 있고, 대학은 산업과의 연계성이 부족하며, 평생교육은 제도적 기반이 취약하다. 이는 결국 사회 전체의 인적자본 잠재력을 제한하고, 경제·기술·문화 전반의 경쟁력을 약화시키는 주요 원인이 된다.

왜 교육은 인재를 키우지 못하는가

지금의 교육시스템은 인재양성보다는 '선별과 배제'를 위한 장치로 작동하고 있다. 그 결과, 교육이 기회의 사다리가 되기는커녕 불평등을 재생산하고, 창의성과 다양성을 억압하는 구조로 고착되고 있다.

첫째, 과잉경쟁과 표준화된 평가다. 대학입시 중심의 과열된 경쟁은 학생들을 협력보다 경쟁, 탐구보다 암기, 경험보다 스펙으로 몰아가고 있다. 이로 인해 진정한 역량은 개발되지 못한 채 형식적 자격과 점수 중심의 인재상이 양산된다.

둘째, 산업과의 단절이다. 고등교육은 산업계 수요와 동떨어져 있으며, 학과 구성은 과거 산업구조를 반영한 채 정체돼 있다. AI·데이터·반도체·바이오 등 신산업을 이끌 융합형 인재 양성 시스템은 아직 미비한 수준이다.

셋째, 고등교육의 양극화다. 상위권 대학과 지방대학 간의 교육여건, 연구 인프라, 졸업생 취업률 격차는 심화되고 있으며, 이는 지방소멸과 지역 간 교육 불평등으로 확산되고 있다.

넷째, 평생학습 체계의 미성숙이다. 성인 대상 재교육 프로그램은 질과 접근성 모두 부족하며, 기업-대학-정부 간 연계 부족으로 인해 실제 직무역량 향상으로 이어지기 어렵다. 이는 노동시장 유연성을 해치고, 중장년층의 전직 가능성도 제한한다.

다섯째, 창의성과 다양성 교육의 부재다. 교육은 여전히 표준화된 정답과 규범을 강요하며, 학생의 개별성, 실험정신, 실패 허용 환경을 제공하지 못한다. 이는 곧 혁신의 씨앗을 교육에서부터 차단하는 결과를 낳는다.

인재혁신을 위한 교육 대전환 전략

교육이 다시금 인재혁신의 출발점이 되기 위해서는 기초교육부터 고등교육, 직업교육, 평생학습까지 전 생애 교육의 패러다임 전환이 필요하다. 다음의 전략이 요구된다.

첫째, 창의성과 탐구 중심의 초중등 교육 개편이다. 단순 지식 암기를 넘어 프로젝트 기반 학습, 문제 해결 중심 수업, 협력과 비판적 사고를 키우는 교육과정 개편이 필요하다. 교사 양성 및 연수 시스템도 이에 맞춰 전문성과 자율성을 강화해야 한다.

둘째, 고등교육 구조개혁이다. 산업 변화에 맞춘 학과 재편, 대학 간 통합과 특성화, 산학협력 기반 교육과정 확대 등을 통해 대학이 단순한 지식 전달 기관이 아니라, 혁신의 거점으로 진화해야 한다. 특히 지역 거점 국립대학의 역할 재정립과 지원 강화가 중요하다.

셋째, 직업교육과 평생학습 체계 정비다. 고졸 취업 트랙 강화를 위한 직업계고 혁신, 마이스터고 확산, 지역 산업 연계 직업훈련체계구축과 함께, 성인을 위한 재교육 바우처, 디지털 교육 플랫폼, 온라인 학습 인증제도 등을 정비해 전 생애 인재 성장 경로를 설계해야 한다.

넷째, 교육평가 시스템의 혁신이다. 점수·학벌 중심이 아니라 역량·태도·성과 기반의 다양한 평가방식을 도입하고, 정성적 평가와 포트폴리오 평가, 사회적 기여도 등을 반영하는 다층적 입시·채용 체계를 도입해야 한다.

다섯째, 디지털 교육 인프라와 교육복지 확대다. 모든 학생이 양질의 교육에 접근할 수 있도록 디지털 격차 해소, 기초학력 보장, 교육 사각지대 해소를 위한 교육복지 강화가 병행돼야 한다.

교육은 미래로 가는 가장 확실한 투자다. 그리고 인재는 성장이 멈춘 국가의 마지막 돌파구다. 한국이 저성장의 늪에서 벗어나려면, 지금 이 순간부터 교육을 '입시'가 아닌 '혁신의 출발점'으로 재정의해야 한다. 교육혁신이 곧 인재혁신이고, 그것이 결국 성장혁신으로 이어지는 연결고리의 출발이다.

PART
6

미래를 위한 투자,
어디에 집중할 것인가

한국 경제의 지속가능성은
미래 산업에 대한 전략적 투자에 달려 있다.
AI·반도체·그린에너지·바이오·우주산업 등
미래 성장동력을 선제적으로 육성하고,
인프라와 국부펀드, 과학기술 인프라를 정비해
경쟁력 있는 산업구조로 재편해야 한다.

인공지능과 빅데이터, 미래산업의 주력화

데이터 기반 경제로의 이행, 선택이 아닌 생존 조건

전통 제조 기반의 성장모델이 한계에 이른 지금, 미래산업의 경쟁력은 기술, 그중에서도 인공지능(AI)과 빅데이터를 중심으로 재편되고 있다. 세계 주요국은 AI 주도권 확보에 총력을 기울이고 있으며, 데이터는 새로운 석유이자 성장의 연료로 간주되고 있다.

한국 역시 디지털 전환을 국가전략으로 천명했으나, 산업의 체질, 제도 환경, 투자 규모, 인재 수급 등 전반에서 아직 갈 길이 멀다. AI 기술력은 세계 상위권이지만, 이를 산업 전반에 접목해 실질적 부가가치를 창출하는 단계까지는 도달하지 못한 상황이다.

데이터 역시 쌓이기만 하고 활용되지 않는 경우가 많으며, 공공·민간 간 데이터 연계 부족, 프라이버시 규제와 활용의 충돌, AI 윤리 논란 등이 기술의 실용화와 산업화에 장벽으로 작용하고 있다. 이제는 선언이 아니라, AI와 빅데이터를 한국 산업의 '핵심 엔진'으로 작동시킬 실행 전략이 필요한 시점이다.

인공지능·데이터 산업 생태계의 병목과 한계

AI와 빅데이터가 미래산업의 핵심임은 분명하지만, 한국은 다음과 같은 병목을 안고 있다.

첫째, 플랫폼·인프라에 대한 의존성과 기술 내재화의 미흡이다. 클라우드, GPU, 대규모 데이터셋, 언어모델 등 핵심 기술 요소는 대부분 해외 기업에 의존하고 있으며, 국내 기업은 알고리즘 응용 단계에 머무르는 경우가 많다.

둘째, 데이터 활용 환경의 경직성이다. 개인정보보호법, 데이터 3법 등은 일정 수준의 보호 장치를 마련했으나, 실무 현장에서는 데이터의 가명화·결합·활용에 대한 해석이 모호하고, 과도한 규제 리스크로 인해 기업의 적극성이 저하되고 있다.

셋째, AI 전문 인재의 부족과 유출이다. 석박사급 AI 연구자는 절대적으로 부족하고, 글로벌 빅테크로의 인재 유출도 심각하다. 국내 기업이나 대학은 경쟁력 있는 처우와 연구환경을 제공하지 못해 인재를 유지하기 어렵다.

넷째, 중소기업의 디지털 접근성 한계다. AI와 데이터 기술은 대기업 중심으로 개발·적용되고 있으며, 중소·중견기업은 인프라·인력·자금 부족으로 기술 도입 자체가 어렵다. 이로 인해 산업 내 디지털 양극화가 심화되고 있다.

다섯째, 윤리와 거버넌스 부재다. AI 윤리, 알고리즘 투명성, 편향성 해소 등은 글로벌 스탠더드로 부상하고 있지만, 한국은 아직 공론화 수준에 머물며 제도화나 가이드라인이 미흡하다. 이는 기술 신뢰성 확보와 글로벌 진출에 장애가 된다.

AI·빅데이터 산업 주력화를 위한 국가 전략

이제는 AI와 데이터 산업을 '신산업'이 아닌 '국가 전략산업'으로 육성하고, 전 산업에 걸쳐 내재화할 수 있는 생태계 전환 전략이 필요하다. 다음과 같은 정책 대전환이 필요하다.

첫째, AI·데이터 주권을 확보할 수 있는 인프라 투자다. 자체 클라우드, 고성능 연산 인프라, 범정부 데이터 플랫폼 구축 등을 통해 핵심 기술 자립성과 국산화 비중을 높이고, 공공 데이터의 민간 개방과 산업별 표준화를 가속화해야 한다.

둘째, 데이터 규제 정비와 활용 촉진이다. 개인정보 보호와 활용의 균형을 맞추는 실용적 가이드라인 제정, 규제 샌드박스 확대, 사전심사제 완화 등을 통해 기업과 기관이 안전하게 데이터를 활용할 수 있는 제도적 기반을 마련해야 한다.

셋째, AI·데이터 인재 양성과 유치 전략 강화다. 국내외 석박사급 인재의 유입과 육성을 위한 특화대학 설립, 글로벌 석학 초빙, 민간 리서치펀드 조성, AI 고등교육 네트워크 확대 등을 통해 인재의 풀(pool)을 전략적으로 확장해야 한다.

넷째, 산업별 AI 적용 촉진과 중소기업 디지털 전환 지원이다. 제조, 금융, 유통, 농업, 보건 등 각 산업 분야에 AI 솔루션을 도입할 수 있도록 정부의 시범사업, 공동개발 프로젝트, 솔루션 보급 플랫폼 구축을 추진하고, 중소기업에는 맞춤형 AI 패키지·컨설팅·자금 지원을 확대해야 한다.

다섯째, AI 윤리·신뢰 프레임워크 구축이다. 알고리즘의 공정성, 투명성, 책임성을 담보할 수 있는 AI 윤리헌장 제정, 윤리위원회 설치, 관련 표준 개발과 국제 협력 확대가 필요하다. 이는 기술에 대한 국민 신뢰를 높이고, 글로벌 시장 진출의 전제조건이 된다.

AI와 빅데이터는 미래 기술이 아니다. 이미 현실의 경쟁이 시작되었고, 그 격차는 시간에 비례해 벌어진다. 한국이 저성장의 터널을 벗어나고, 미래산업에서 주도권을 확보하기 위해서는 지금 이 순간부터 실행력 있는 전략이 필요하다.

반도체 이후,
새로운 수출 동력은 무엇인가

'반도체 코리아'의 위상, 그러나 편중된 구조

한국의 수출은 반도체에 절대적으로 의존하고 있다. 2023년 기준 반도체 수출은 전체 수출의 17%를 차지하며, 세계 1위 수준의 점유율을 유지하고 있다. 메모리 분야에서는 초격차 경쟁력을 지녔고, 글로벌 공급망의 핵심 노드로 자리매김했다. 이는 한국 경제의 고도성장을 가능케 한 주축 산업이자, 기술집약형 제조업의 정점이었다.

그러나 동시에 지나친 의존이 구조적 리스크로 작용하고 있다. 메모리 가격 변동에 따른 수출 실적의 불안정성, 중국의 반도체 자립 가속, 미국과 중국 간 기술 패권 경쟁은 반도체 중심 수출 구조의 지속가능성에 의문을 던지고 있다. 특히 시스템 반도체나 팹리스 분야의 경쟁력은 여전히 약하고, 산업 다각화 없이 현재의 수출 구조가 유지되긴 어렵다.

이제는 반도체를 넘어, 새로운 수출 성장엔진을 발굴하고 키워야 할 시점이다. 단순히 '포스트 반도체'를 찾는 것이 아니라, 반도체를 포함한 기술 기반 제조업의 스펙트럼을 넓히고, 미래 유망산업을 수출의 주력군으로 편입시켜야 한다.

한국 수출 구조의 고착성과 유망산업 부재

한국의 수출 구조는 과도한 제조업 집중, 대기업 의존, 특정 품목 편중이라는 세 가지 한계를 안고 있다.

첫째, 제조업 중심 수출의 고착화다. 반도체, 자동차, 석유화학, 조선, 철강 등 전통 주력 산업이 여전히 수출의 대부분을 차지하며, 서비스 수출이나 콘텐츠 산업의 비중은 낮다. 이는 신성장 산업의 수출 기반이 여전히 취약하다는 것을 의미한다.

둘째, 수출기업의 대기업 집중이다. 수출 실적의 70% 이상이 100대 대기업에서 나오며, 중소·중견기업의 수출 참여율은 낮고, 자체 브랜드나 글로벌 유통망도 부족하다. 기술력은 있어도 해외 판로를 개척하지 못하는 '수출 잠재기업'이 방치되고 있다.

셋째, 유망 신산업의 발굴·육성 부진이다. K-콘텐츠, 바이오·헬스케어, 친환경 모빌리티, 디지털 서비스, 탄소중립 기술 등은 잠재력이 크지만, 수출 전략과 인프라, 제도적 지원이 체계화되어 있지 않다. 특히 규제, 인재 부족, 국제인증 미비 등 제약이 산업화 초기부터 발목을 잡고 있다.

넷째, 글로벌 공급망의 재편에 대한 대응력 미흡이다. 미국과 유럽은 첨단 기술의 자국 회귀 정책을 펼치고 있고, 중국은 내수와 자립 중심 전략을 강화하고 있다. 이런 상황에서 한국의 수출전략은 여전히 '양과 가격' 중심에 머물며, 고부가·고부품화 전략이 부족하다.

새로운 수출성장 엔진 구축 전략

반도체 이후를 준비하는 전략은 단순한 산업의 교체가 아니라, 수출 포트폴리오의 다변화와 산업구조의 질적 고도화를 통해 이뤄져야 한다. 다음과 같은 접근이 필요하다.

첫째, 첨단 제조업의 확장이다. 반도체를 넘어 배터리, 전기차, 로봇, 정밀기계, 항공우주 등 기술 기반 제조업의 전주기를 국가전략으로 육성해야 한다. 특히 부품·소재·장비 분야의 글로벌 공급망 내 지위 강화가 핵심이다.

둘째, 바이오·헬스케어 산업의 수출산업화다. K-방역을 넘어 K-바이오 브랜드화, 신약 개발 인프라, 의료기기 인증·수출 지원 체계, 글로벌 진출 플랫폼 구축 등을 통해 바이오산업을 '제2의 반도체'로 키울 수 있다.

셋째, 콘텐츠와 디지털 서비스 산업의 수출 확대다. K-콘텐츠의 글로벌 흥행을 넘어 게임, 웹툰, OTT, 교육, 엔터테크 등 콘텐츠 융합 산업으로 확장하고, 디지털 교육·헬스·핀테크 등 서비스 산업의 글로벌화를 추진해야 한다. 이는 무형자산 기반의 수출을 확대하는 새로운 축이 될 수 있다.

넷째, 친환경·탄소중립 산업의 글로벌 경쟁력 강화다. 수소, 풍력, 전기차 충전 인프라, 에너지 저장장치 등 녹색기술 기반의 산업을 차세대 수출 주력으로 육성하고, 탄소국경세·환경규제 대응 전략도 병행해야 한다.

다섯째, 중소·중견 수출기업 육성과 브랜드 수출 강화다. 수출바우처, 글로벌 마케팅, 현지 파트너십 연계, 무역금융 등 해외시장 진입 장벽을 낮추고, 한국 브랜드의 고부가 이미지 구축을 위한 전략적 지원이 필요하다.

수출은 한국 경제의 성장엔진이자, 세계와 연결되는 생명선이다. 반도체의 영광은 이어가되, 그 뒤를 잇는 새로운 수출 성장엔진을 키우는 것은 지속 가능한 경제를 위한 시대적 과제다. 더 이상 '반도체 공화국'에 안주할 수 없다. 한국 수출의 다음 챕터를 여는 투자와 전략이 지금 절실하다.

그린에너지와
탄소중립 산업전환

탄소중립, 세계 경제 질서의 새로운 게임의 법칙

기후위기는 더 이상 환경문제가 아닌 경제와 산업의 핵심 아젠다다. 탄소중립(Net Zero)은 단순한 감축 목표가 아니라, 산업구조와 글로벌 가치사슬을 재편하는 대전환의 출발점이다. 유럽연합(EU), 미국, 중국 등 주요국들은 이미 탄소국경조정제도(CBAM), 신재생에너지 투자, 녹색산업 보조금 등을 통해 기후를 무기로 한 경제 전략의 시대를 열고 있다.

이 변화는 한국 산업에 기회이자 위기다. 에너지 다소비형 산업구조, 화석연료 의존도, 저탄소 기술력의 한계, 그리고 낙후된 전력시장 구조는 탄소중립 전환 과정에서 한국이 가장 큰 부담을 지게 될 수 있는 요인이다. 동시에 재생에너지, 수소, 전기차, 에너지 저장장치(ESS), 탄소포집(CCUS) 등 신산업의 글로벌 시장은 급속도로 확대 중이다.

탄소중립은 국제 압력의 수동적 대응이 아니라, 한국 산업의 새로운 성장동력을 확보하는 전략적 기회로 인식돼야 한다. 문제는 선언이 아니라 실행이다. 그린 전환에 대한 구체적 투자, 산업 설계, 인재와 기술 확보가 시급하다.

한국의 녹색전환 현실: 말은 앞서지만 구조는 낙후

한국은 2050 탄소중립 목표를 선언하고 관련 법·제도를 정비하고 있으나, 전환 속도와 구조는 여전히 세계 수준에 미치지 못하고 있다. 다음과 같은 병목 요인이 그린 산업의 확산을 가로막고 있다.

첫째, 재생에너지 보급의 부진이다. 태양광·풍력 등 신재생에너지 비중은 2023년 기준 전체 발전량의 약 9% 수준으로, OECD 평균의 절반 수준에 불과하다. 입지 규제, 주민 수용성 문제, 송전 인프라 부족 등이 확산의 구조적 제약으로 작용하고 있다.

둘째, 에너지 가격·시장 구조의 왜곡이다. 전기요금이 현실을 반영하지 못하고, 에너지 절약이나 고효율 기술 도입에 대한 경제적 유인이 낮다. 전력시장과 탄소시장 모두 비효율적인 설계와 규제 탓에 투자 유인이 부족하다.

셋째, 기업의 ESG 경영과 저탄소 전환 준비 부족이다. 대기업을 제외한 대부분의 기업은 RE100 대응, 탄소회계, 탄소세 리스크에 대한 전략이 미흡하고, 기술력·인력·재정 모두 부족한 상태다. 이는 수출 경쟁력 저하로 직결될 수 있다.

넷째, 탄소중립 인프라의 미비다. 수소 생산·저장·운송 체계, 전기차 충전소, 스마트그리드, 에너지 데이터 플랫폼 등이 정책 계획에 비해 현장 구축은 뒤처져 있다. 민간 투자도 낮고, 규제·인허가 병목이 여전하다.

다섯째, 녹색금융 및 정부 투자 전략의 부족이다. 그린 분류체계(K-Taxonomy) 도입 이후 실질적 투자 유도나 민간 자본의 참여 확대는 제한적이며, 공공의 투자 재원조차 중장기 안정성을 확보하지 못한 상태다.

탄소중립 산업전환을 위한 전략적 투자 방안

한국이 미래산업 전환에서 뒤처지지 않기 위해서는 탄소중립을 단순한 비용이 아니라 성장의 인프라로 삼는 패러다임 전환이 필요하다. 다음의 전략이 핵심이다.

첫째, 재생에너지 보급 확대와 에너지 시장 개혁이다. 풍력·태양광 등 재생에너지에 대한 규제 완화, 주민 수용성 개선, 고정가격 계약제도(PPA) 활성화, 그리고 전력요금 현실화와 스마트그리드 투자 확대를 통해 에너지 전환의 물리적 기반을 강화해야 한다.

둘째, 탄소감축 기술(R&D) 집중 투자다. CCUS, 수소환원제철, 저탄소 시멘트, 친환경 플라스틱, 폐기물 순환기술 등 산업별 저탄소화 기술을 '국가 전략기술'로 지정하고, 민관 공동 R&D 투자 확대를 유도해야 한다.

셋째, 그린 산업 클러스터 육성과 생태계 조성이다. 녹색 산업 특화단지 지정, 기술창업 촉진, 그린 스타트업 육성, 인력 양성기관 설치 등을 통해 지역 중심의 녹색 생태계를 형성하고, 탄소중립 산업을 수출 산업으로 성장시켜야 한다.

넷째, 탄소 리스크에 대응하는 산업구조 전환이다. 수출기업의 RE100, 탄소국경세 대응 역량을 강화하고, 탄소정보공시, 배출권 거래시장 고도화, ESG 경영 가이드라인을 통해 기업의 저탄소 전략 전환을 유도해야 한다.

다섯째, 그린금융 및 정책투자의 재정립이다. 민간 자본의 유입을 유도할 수 있도록 녹색채권 활성화, 공공-민간 펀드 조성, 세제 인센티브 확대가 필요하다. 정부는 마중물 투자를 통해 그린 산업의 초기 시장을 만들어내야 한다.

그린 전환은 선택이 아니라 시대의 명령이다. 단순한 환경보호를 넘어, 에너지 안보, 기술 주권, 새로운 시장 창출이 결합된 복합 전략이다. 한국이 미래에도 산업 강국으로 남기 위해서는 탄소중립을 '위기'가 아닌 '기회'로 전환하는 실행력 있는 투자와 리더십이 절실하다.

바이오·헬스케어 산업 육성 전략

'K-방역'에서 'K-바이오'로의 도약은 가능한가

코로나19 팬데믹을 계기로 한국의 방역과 진단 기술이 세계적 주목을 받으며 'K-방역' 브랜드가 글로벌 위상으로 부상했다. 이는 일시적 현상을 넘어, 바이오·헬스케어 산업을 한국의 미래 주력 산업으로 육성할 수 있는 결정적 기회를 제공했다.

바이오 산업은 고령화 사회, 건강수명 연장, 감염병 대응, 정밀의료 등 전 세계적인 수요 증가에 기반한 고성장 산업이다. 동시에 R&D 집약적이고, 규제 기반 산업으로, 국가의 전략적 육성이 없이는 글로벌 경쟁력을 확보하기 어렵다.

한국은 진단기기, 의료기기, 일부 바이오시밀러 분야에서 이미 일정 성과를 보이고 있으나, 신약 개발, 임상·승인 인프라, 글로벌 유통망, 바이오 벤처 생태계 측면에서는 아직 한참 뒤처진 상황이다. 이제는 'K-방역'의 탄력을 'K-바이오'의 구조화된 경쟁력으로 전환할 시점이다.

바이오 산업 육성을 가로막는 구조적 병목

바이오·헬스케어 산업이 한국에서 충분히 성장하지 못한 배경에는 몇 가지 구조적 제약이 존재한다.

첫째, 국내 임상·허가 인프라의 비효율성이다. 식약처의 신약 허가 절차, 병원의 임상시험체계, 윤리위원회 심사 등이 과도하게 보수적이거나 중복 절차로 인해 시간과 비용이 과다 소요된다.

둘째, R&D 투자 대비 사업화 성공률이 낮다. 바이오 분야는 실패율이 높고, 성공까지 오랜 시간이 걸리기 때문에, 민간 투자가 소극적이며, 정책금융도 단기성과 중심의 집행 구조에 갇혀 있다.

셋째, 창업·벤처 생태계의 빈약함이다. 바이오 스타트업은 대부분 초기 자본과 숙련된 인력을 확보하기 어렵고, 기술 이전, 시제품 개발, 글로벌 임상 진출까지 이어지는 성장 사다리 구조가 단절되어 있다.

넷째, 글로벌 네트워크의 취약성이다. 유럽, 미국, 일본 등은 강력한 바이오 클러스터와 제약사-연구소-정부 간의 협력이 체계화돼 있으나, 한국은 해외 파트너와의 공동연구, 글로벌 승인 전략, 시장 진출 전략에서 전문성 부족이 뚜렷하다.

다섯째, 의료데이터 활용 규제다. 정밀의료, AI 기반 헬스케어, 유전체 기반 연구 등 차세대 의료기술의 핵심은 방대한 데이터 분석이지만, 의료정보의 활용과 결합에 대한 제도적 장벽이 산업화를 가로막고 있다.

글로벌 경쟁력을 갖춘 K-바이오 전략

바이오·헬스케어 산업을 반도체에 이은 국가 전략산업으로 육성하기 위해서는 다음과 같은 정책 혁신이 필요하다.

첫째, 국가 바이오 비전과 투자 로드맵 수립이다. 중장기적으로 신약, 바이오 소재, 디지털 헬스케어, 고령친화 제품 등 세부 분야별 전략을 수립하고, 기획부터 평가까지 일관된 투자를 집행할 컨트롤타워를 설계해야 한다.

둘째, 임상·인허가 인프라의 선진화다. 병원-기업-정부 간 임상 네트워크 확대, 임상시험 공동플랫폼 구축, 식약처의 심사 효율성 제고, 글로벌 승인 기준과의 정합성 확보 등을 통해 신속하고도 안전한 인허가 환경을 조성해야 한다.

셋째, 바이오 벤처 생태계 조성이다. 대학·연구소 기술 사업화 촉진, 초기 창업자금 지원, 글로벌 액셀러레이터 도입, 전문인력 매칭 시스템 등을 통해 창업부터 IPO까지 이어지는 성장 경로를 촘촘히 설계해야 한다.

넷째, 디지털 헬스케어 산업 활성화다. 원격의료, AI 진단, 웨어러블, 디지털 치료제 등 차세대 기술의 법적 기반을 조속히 마련하고, 데이터 기반 정밀의료 서비스에 대한 규제 개선과 표준 정립을 병행해야 한다.

다섯째, 의료데이터 활용과 보안의 균형 확보다. 개인정보 보호와 산업 활용의 균형을 유지하며, 공공의료 데이터 플랫폼 구축, 데이터 결합·가명화 절차의 명확화, 윤리 가이드라인 도입등을 통해 연구와 산업 양쪽을 아우르는 데이터 인프라를 확보해야 한다.

바이오 산업은 단순한 신산업이 아니다. 건강, 복지, 기술, 수출, 고용이 융합된 복합 산업이자, 저성장을 돌파할 한국의 차세대 성장축이다. 지금이 아니면 기회는 없다. 'K-방역'의 명성을 'K-바이오'의 실력으로 바꾸는 골든타임, 지금이 바로 그 시점이다.

05
농업·지역산업의 고부가가치화

농업과 지역, 사양산업이 아닌 미래산업의 기반

농업은 한국 경제에서 오랫동안 구조조정의 대상이 되어왔다. 산업화와 도시화 속에서 농촌은 인구 감소와 고령화, 소득 격차, 인프라 쇠퇴 등 이중삼중의 위기에 직면했고, 지역산업 역시 수도권 중심의 경제구조에 밀려 지속가능성을 위협받는 상태다.

그러나 최근 글로벌 경제의 흐름은 오히려 지역과 농업의 가치에 주목하고 있다. 탄소중립, 식량안보, 스마트농업, 농산물 가공·유통·수출, 농촌관광 등은 농업과 지역을 신산업의 기반으로 재정의하고 있으며, 분산형 성장 전략과 지속 가능한 지역 자립경제 모델로 각광받고 있다.

한국은 이 흐름에서 뒤처지고 있다. 농업은 여전히 생산 중심·보조 중심·생계 중심에 머물러 있고, 지역산업은 중앙 주도의 천편일률적 지원책에 따라 움직이고 있다. 농업과 지역산업을 고부가가치 산업으로 전환하려면, 산업과 공간을 보는 시각 자체를 바꿔야 한다.

저부가 구조에 갇힌 농업·지역경제의 병목

농업과 지역산업이 미래산업으로 발전하지 못하는 데에는 몇 가지 구조적 병목이 작용하고 있다.

첫째, 생산 중심의 농업정책 한계다. 쌀·밭작물 중심의 생산보조, 단기 소득보전 정책이 대부분이며, 가공·유통·수출·6차 산업화로 이어지는 고부가가치화 전략이 부재하다. 스마트농업 인프라 역시 시범 수준에 머무른다.

둘째, 농업의 산업생태계 미비다. 농기계, 종자, 바이오, 농산물 가공, 농업ICT 등 연관 산업의 경쟁력이 낮고, 중소기업의 진입이나 창업 유도 장치도 취약하다. 이는 농업의 '산업화' 자체를 지체시키고 있다.

셋째, 지역산업의 단절적 육성 방식이다. 중앙정부 공모사업에 의존한 채, 지자체 간 경쟁만 조장되고 있으며, 지역별 차별화된 자산·인재·산업기반을 활용한 지속 가능한 지역 경제전략이 부재하다. 또한 수도권 집중 구조는 여전히 악화되고 있다.

넷째, 청년·혁신인재의 유입 기반 부족이다. 귀농·창농 지원이 존재하지만, 농촌에서 창업과 성장, 문화·주거·교육까지 포괄된 생태계 설계가 미흡하며, 이는 청년 인구의 유입을 막고 있다.

다섯째, 디지털 기반의 지역 데이터·인프라 부족이다. 지역 빅데이터 플랫폼, 농업 데이터 수집·활용 체계, 지역산업 통계 및 수요 분석 등 데이터 기반의 고부가 전략 수립이 불가능한 현실이다.

고부가가치 농업·지역산업 전략

농업과 지역을 미래의 성장축으로 전환하기 위해서는 다음과 같은 구조적 접근이 필요하다.

첫째, 농업의 가치사슬 확장과 산업화 전략이다. 생산-가공-유통-체험-수출까지 이어지는 6차 산업화 클러스터를 지역 중심으로 육성하고, 농업 스타트업 인큐베이팅, 농산물 브랜드화, 수출 전문조직 육성 등을 통해 농업을 벤처형 고부가 산업으로 바꿔야 한다.

둘째, 스마트농업 전환 가속화다. 스마트팜, 드론, IoT, 빅데이터, 자동화 설비 등을 활용한 기술 중심 농업으로의 체질 전환을 본격화하고, 이를 위한 전문인력 양성, 장비 보급, 농촌ICT 융합 지원이 병행되어야 한다.

셋째, 지역산업 전략의 재정립이다. 개별 공모사업 중심에서 벗어나 지역 고유의 자산 기반 산업 전략 수립(지역 RISE 전략)을 강화하고, 중앙-지방 간 권한 조정과 지역 주도형 예산 편성 권한을 확대해야 한다. 생활SOC와 지역대학 연계 전략도 함께 병행돼야 한다.

넷째, 청년농·청년창업가 육성과 정주 여건 개선이다. 귀농·귀촌 정책을 넘어서 청년이 농업·지역산업에서 장기적 커리어를 설계할 수 있는 창업 지원, 융자·컨설팅, 생활인프라 확충 등이 통합적으로 추진돼야 한다.

다섯째, 데이터 기반 지역산업 플랫폼 구축이다. 지역별 산업 수요, 유망 품목, 소비자 반응, 물류 흐름 등을 통합적으로 분석할 수 있는 디지털 지역경제 플랫폼을 구축하고, 이를 정책과 투자 유치, 인력 양성에 연계해야 한다.

농업과 지역은 결코 구시대 유산이 아니다. 오히려 미래 한국의 지속가능성과 균형발전을 위한 전략적 자산이다. '먹거리'는 안보이고, '지역'은 기회다. 저성장을 돌파하는 길은 수도권이 아닌 지역에서, 제조가 아닌 농업과 서비스에서 다시 시작될 수 있다.

06
문화콘텐츠 산업의 글로벌화

K-콘텐츠의 시대, 잠재력은 있으나 구조는 불안정

K-드라마, K-팝, 웹툰, 영화, 게임, 예능 등 'K-콘텐츠'는 더 이상 일시적 열풍이 아니다. 넷플릭스, 유튜브, 스포티파이 등 글로벌 플랫폼을 통해 한국 콘텐츠는 세계인의 일상 속에 깊숙이 자리 잡고 있다. 이는 문화적 자부심을 넘어 경제적 자산으로 기능하고 있으며, 수출과 고용, 브랜드 국가 이미지 제고 측면에서도 전략적 가치를 지닌다.

그러나 K-콘텐츠 산업의 현실은 화려한 결과물에 비해 취약한 구조를 안고 있다. 창작자는 낮은 수익 배분 구조 속에서 장시간 노동에 시달리고, 제작사는 자금난과 과도한 수익 리스크에 노출되어 있다. 대부분의 IP와 플랫폼은 거대 글로벌 기업이 통제하고 있어, 한국 콘텐츠의 부가가치가 외부로 유출되는 '가치사슬 역전 현상'도 뚜렷하다.

이제는 '흥행'의 시대를 넘어, 콘텐츠 산업을 지속 가능한 국가

전략산업으로 정비하고, 문화의 힘을 경제의 동력으로 연결하는 전환 전략이 필요하다.

콘텐츠 산업이 겪는 병목과 시장왜곡

K-콘텐츠가 글로벌 주목을 받는 반면, 내부적으로는 다음과 같은 병목이 산업의 확장을 가로막고 있다.

첫째, 수직적 유통구조와 불공정 계약이다. 창작자와 중소 제작사, 플랫폼 간의 수익 배분 불균형, IP 귀속 문제, 콘텐츠 저작권 보호 미비는 산업의 창의성과 다양성을 위협하는 주요 원인이다.

둘째, 투자·제작 자금 조달의 제약이다. 콘텐츠 산업은 비용은 선투자되고, 수익은 불확실한 고위험 구조를 지니고 있지만, 콘텐츠 펀드나 정책금융은 단기 수익성 중심으로 운용되어 창의적 기획이나 실험적 콘텐츠가 배제되는 구조다.

셋째, 글로벌 유통망의 종속성이다. K-콘텐츠는 주로 해외 플랫폼에 의존해 수출·유통되고 있으며, 자체 글로벌 플랫폼이나 유통기반은 취약하다. 이는 수익과 데이터 주도권을 타국 플랫폼에 넘기는 결과를 초래한다.

넷째, 지역·장르 간 불균형이다. 서울과 일부 장르(K-팝, 드라마)에 집중된 생태계는 지역문화, 독립영화, 다큐, 전통문화 등 다양성과 지속가능성 측면에서 산업의 건강성을 위협한다.

다섯째, 콘텐츠 인력의 불안정한 노동환경이다. 프리랜서 작가, 웹툰 어시스턴트, 드라마 조연출, 게임 개발자 등은 비표준 고용, 장시간 근무, 낮은 보상이라는 이중고에 시달리고 있으며, 이탈률도 높다.

글로벌 콘텐츠 산업화를 위한 전략적 과제

문화콘텐츠를 진정한 미래산업으로 육성하기 위해서는 산업 생태계의 구조를 전면적으로 재설계하고, 글로벌 경쟁력을 뒷받침할 정책 기반을 강화해야 한다.

첫째, IP 기반 콘텐츠 산업정책 전환이다. 콘텐츠 창작자와 제작사가 IP의 소유권과 활용 권한을 보유할 수 있도록 제도 정비가 필요하다. 이를 통해 IP를 자산화·유통·글로벌 확장할 수 있는 종합적 콘텐츠 전략을 추진해야 한다.

둘째, 정책금융 및 투자생태계 다변화다. 콘텐츠 산업 전용 모태펀드 확대, 공공·민간 공동펀드 조성, 세제 인센티브 강화, 고위험 콘텐츠에 대한 리스크 완화 장치 마련 등을 통해 창의성과 다양성이 살아있는 제작 환경을 조성해야 한다.

셋째, 글로벌 유통과 플랫폼 전략의 강화다. 자체 스트리밍 서비스, 국산 플랫폼의 글로벌 진출, 다국어 콘텐츠 제작 지원, 현지화 전략 등을 통해 콘텐츠의 유통 주도권과 시장 확장력을 확보해야 한다.

넷째, 지방 콘텐츠산업 클러스터 조성이다. 지역 대학, 문화재단, 지자체, 민간기업이 연계된 지역형 콘텐츠 창작 및 제작 생태계를 육성하고, 지역 문화자산을 활용한 관광·체험형 콘텐츠 개발을 촉진해야 한다.

다섯째, 콘텐츠 노동환경과 인재양성 시스템 정비다. 프리랜서 보호 법제 정비, 산업표준계약 도입, 창작자 복지 플랫폼 구축과 함께, 콘텐츠 전문대학 및 실무형 교육과정 확대, 글로벌 창작자 교류 프로그램을 운영해야 한다.

문화는 기술을 만나 산업이 되고, 콘텐츠는 국경을 넘어 경제가 된다. K-콘텐츠의 세계적 주목은 시작일 뿐이며, 지금부터의 전략이 '문화의 힘'을 '국가 경쟁력'으로 전환할 수 있는가를 결정짓는다. 문화콘텐츠 산업의 글로벌화는 단지 K의 확장이 아니라, 한국 경제의 새판을 짜는 창의적 돌파구다.

07
인프라 투자, 물적 기반에서 디지털 기반으로

인프라 패러다임 전환: 콘크리트에서 코드로

전통적인 인프라 투자는 도로, 철도, 항만, 댐 등 물적 기반시설 구축에 집중되어 왔다. 한국은 고속성장 시기를 거치며 선진국 수준의 인프라 확충을 이뤄냈고, 이는 제조업 중심 산업화의 튼튼한 기반이 되었다.

그러나 지금은 시대가 바뀌었다. 저성장, 고령화, 탄소중립, 디지털 대전환의 흐름 속에서 인프라의 의미와 우선순위 자체가 바뀌고 있다. 이제는 물적 인프라에서 디지털·데이터·지능형 인프라로의 전환이 절실하다. 산업구조도, 생활공간도, 행정과 복지서비스도 디지털화된 인프라 없이는 경쟁력을 가질 수 없는 시대다.

문제는 여전히 인프라 정책이 '길을 깔고 건물을 짓는' 물리적 확장 중심에서 벗어나지 못하고 있다는 점이다. 이제는 하드웨어 중심 투자를 넘어 소프트웨어 기반 인프라로, '총량'이 아닌 '연결'과 '효율' 중심으로 국가투자의 방향이 대전환돼야 한다.

비효율적 인프라 투자 구조와 디지털 격차

한국의 인프라 투자는 규모와 속도 면에서는 빠른 성장을 이뤘지만, 다음과 같은 한계로 인해 미래 대비형 인프라로의 전환에는 미진한 상태다.

첫째, 지역 간 인프라 불균형이다. 수도권과 대도시 중심의 물리적 인프라는 과잉에 가깝지만, 비수도권 농산어촌 지역은 디지털 인프라·모빌리티·의료·교육 인프라에서 여전히 낙후돼 있다.

둘째, 디지털 전환을 위한 기반이 부족하다. 초고속 통신망, 공공데이터 인프라, 스마트시티 플랫폼, 디지털 행정망, 사이버 보안 등 핵심 인프라에 대한 국가적 로드맵과 체계적 투자전략이 부재하다.

셋째, 유지관리 중심 인프라 재투자가 부족하다. 노후 인프라의 안전 진단과 보강, 재해 예방형 인프라 투자 등이 단기성과 위주의 사업에 밀려 후순위로 밀려나고 있으며, 이로 인해 장기적 리스크가 커지고 있다.

넷째, 디지털 접근성과 활용 격차가 심화되고 있다. 고령층·장애인·저소득층 등 디지털 소외계층을 위한 포괄적 인프라 설계와 사회적 지원체계가 미비하여 '디지털 양극화'가 새로운 사회 불평등의 축이 되고 있다.

다섯째, 인프라 관련 행정 및 운영 시스템의 디지털화도 미흡하다. 공공조달, 시설 운영, 도시 계획 등에서 여전히 아날로그적 의

사결정과 문서 중심 행정이 지배적이며, 데이터 기반 정책 결정체계가 자리 잡지 못하고 있다.

스마트 인프라 구축을 위한 정책 전환 전략

물리적 인프라에서 디지털 기반 인프라로의 전환은 단지 '도구의 진화'가 아니라 경제의 경쟁력, 사회의 포용성, 행정의 효율성을 좌우하는 핵심 과제다. 다음과 같은 전략적 접근이 요구된다.

첫째, 국가 디지털 인프라 마스터플랜 수립이다. 통신망, 데이터센터, 클라우드, 사이버보안, AI 연계 시스템 등 미래 디지털 기반 인프라의 청사진을 그리고, 연도별·지역별 실행계획과 투자 구조를 체계화해야 한다.

둘째, 스마트시티·디지털행정의 전면화다. 교통·에너지·안전·복지 등 도시 기반 서비스에 센서·AI·플랫폼 기술을 접목한 스마트 인프라를 구축하고, 중앙-지방 간 디지털 행정 통합망을 통해 효율성과 서비스 품질을 동시 확보해야 한다.

셋째, 노후 인프라의 선제적 관리체계 정립이다. 교량, 터널, 상하수도, 항만 등 주요 시설에 센서 기반의 실시간 진단 체계와 디지털 운영관리 시스템을 도입하고, 안전 및 재난 예방 인프라로 업그레이드해야 한다.

넷째, 디지털 포용 인프라 강화다. 전국 단위의 초고속망 보급, 공공 와이파이 확장, 디지털 교육 플랫폼과 접근성 지원 장비 보급 등을 통해 지역·계층 간 디지털 격차 해소를 위한 기반을 조성해야 한다.

다섯째, 인프라 투자와 데이터 활용의 연계다. 국토·교통·환경·사회서비스 등 각종 인프라 투자에서 발생하는 데이터를 정책 의사결정, 민간 서비스 혁신, 과학기반 행정에 활용할 수 있도록 데이터 수집·공유·활용의 국가 표준 체계를 구축해야 한다.

인프라는 과거의 성장을 가능케 한 기반이었고, 이제는 미래로의 연결을 가능케 하는 지능형 플랫폼이 되어야 한다. 한국 경제가 저성장을 넘어 지속 가능한 혁신을 이루려면, 물리적 자산이 아닌 디지털 역량과 연결성 중심의 인프라로 투자전략을 완전히 전환해야 한다.

08
국부펀드와
전략적 국익 투자

'국부의 축적'에서 '전략적 운용'으로

국부펀드는 자국의 외환보유고, 자원수익, 흑자자본 등을 활용해 해외에 투자함으로써 국가의 장기 수익성과 경제적 영향력을 확대하는 수단이다. 노르웨이, 싱가포르, UAE 등의 국부펀드는 단순 수익률을 넘어서 기술 확보, 식량·에너지 안보, 산업 네트워크 강화 등 전략적 기능을 수행하며 글로벌 영향력을 키워왔다.

한국은 외환보유고가 세계 10위권에 드는 나라이며, 해외순자산 역시 증가 추세이나, 이를 전략적으로 운용하는 국부펀드 개념의 체계는 미흡한 수준이다. 현재 한국투자공사(KIC)가 외화자산 일부를 위탁받아 운용 중이지만, 국가전략과 연계된 투자보다는 금융 수익률 중심의 소극적 성격이 강하다.

지금은 국부펀드를 단순한 '비축 수단'이 아닌 국가전략 실행 수단으로 전환할 때다. 세계 공급망 재편, 자원 블록화, 첨단 기술 전쟁, 디지털 통화 질서 등 지정학적·기술적 경쟁이 격화되는 상황에서, 전략적 투자기구로서의 국부펀드 구축이 절실하다.

한국형 국부펀드가 필요한 이유

한국은 기술력과 산업역량에 비해 글로벌 자산투자 주도권이 약하다. 경제 규모에 비해 주권투자펀드의 글로벌 입지, 전략적 투자역량, 통합 거버넌스 체계가 취약하다. 다음과 같은 이유로 한국형 국부펀드는 시급히 정비되어야 한다.

첫째, 공격적 기술 확보 및 M&A 역량 필요다. 반도체, 배터리, AI, 바이오 등 전략산업의 핵심기술과 공급망을 확보하기 위해, 글로벌 유망 스타트업 및 기술기업에 대한 직·간접 투자 역량이 필요하다.

둘째, 지정학적 리스크 대응이다. 세계는 기술·식량·에너지·물자 블록화가 심화되고 있고, 이에 따른 자원 투자, 해외 인프라 투자, 식량 기반 확보 등의 전략적 투자가 요구된다.

셋째, 해외 경제영토 확장이다. 신흥국 인프라 개발, 중소기업 해외 진출 지원, 글로벌 벤처 생태계 참여 등은 단순 수익률을 넘어 국익 증진을 위한 통합적 투자전략이 필요하다.

넷째, 기존 투자기관 간 중복과 비효율 해소다. KIC, 산업은행, 수출입은행, 한국무역보험공사 등 공공투자기관들이 각자도생식으로 분산투자하면서 전략적 시너지를 내지 못하고 있다. 통합적 의사결정과 기능 재조정이 필요하다.

다섯째, 연기금과의 시너지다. 국민연금 등 대형 연기금은 안정성과 분산투자에 초점이 맞춰져 있으나, 국부펀드는 보다 고위험·고수익의 전략투자 역할을 보완적으로 수행할 수 있다.

국부펀드의 전략적 재설계 방안

한국형 국부펀드가 글로벌 경쟁력과 전략적 가치를 확보하기 위해서는 다음과 같은 접근이 요구된다.

첫째, '국가전략형' 국부펀드 설계다. 단순한 수익률 중심이 아니라, 첨단기술 확보, 자원 안보, ESG 투자, 디지털 인프라, 공급망 재편국가 아젠다와 연계된 투자전략을 내재화해야 한다.

둘째, 거버넌스와 의사결정 구조의 독립성 확보다. 정치적 간섭을 배제하고, 전문가 중심의 투자위원회와 철저한 리스크 관리 체계를 마련해야 한다. 동시에 재정 당국, 산업부처, 외교안보 부처와의 전략 조율체계도 필요하다.

셋째, 공공 투자기관 간 역할 분담 및 통합 플랫폼 구축이다. 한국투자공사(KIC)를 전략투자 전담기구로 격상하거나, 별도의 국부펀드 조직을 신설해 산업은행·수출입은행·무역보험공사 등과의 투자 플랫폼을 공동 운영해야 한다.

넷째, 민간자본과의 파트너십 강화다. 민관합작형 해외투자 펀드, 전략적 벤처투자조합, 글로벌 블라인드 펀드 등 민간의 전문성과 자본을 함께 활용할 수 있는 구조적 파트너십이 필요하다.

다섯째, 글로벌 네트워크 구축과 ESG 기반 확립이다. 국부펀드 간 협의체 참여, 해외 정책펀드와의 공동투자, 글로벌 자산운용사와의 전략적 제휴를 통해 투자정보·기술접근·시장정보에서 글로벌 동맹을 확대하고, 동시에 책임투자·기후대응··윤리성 등 ESG 기준을 투자기준에 내재화해야 한다.

국부는 단지 쌓아두는 자산이 아니다. 미래를 설계하고, 경제안보를 수호하며, 지정학적 파고를 돌파하는 전략 자산이어야 한다. 지금이야말로 국가전략과 직결된 '한국형 국부펀드' 구축을 위한 골든타임이다. 더 이상 수동적 투자로 국부를 방치해서는 안 된다.

과학기술기반의
중장기 성장전략

과학기술은 더 이상 '지원 대상'이 아니다

과학기술은 한 나라의 미래를 결정짓는 가장 근본적인 성장동력이다. 과거 산업화 시대에는 기술이 경제를 뒷받침하는 '보조 수단'이었으나, 지금은 과학기술 자체가 산업을 창출하고, 시장을 만들고, 미래사회를 설계하는 핵심이 되고 있다.

세계 주요국은 인공지능, 양자기술, 우주항공, 기후기술, 생명과학 등 첨단 과학기술 분야에 국가적 차원의 대규모 투자와 전략적 기획을 진행하고 있다. 미국은 'CHIPS and Science Act', 유럽은 'Horizon Europe', 중국은 '중장기 과학기술계획'을 통해 국가 차원의 기술 패권 경쟁에 나서고 있는 상황이다.

하지만 한국의 과학기술 투자는 여전히 '지원'의 시각에서 벗어나지 못하고, 연구개발과 산업·사회 연계의 미비, 장기성과 부족, 인재 유출 등 구조적 한계를 드러내고 있다. 과학기술을 단순한 연구영역이 아닌 국가 전략, 산업 전략, 인재 전략의 중심으로 위치 재정립할 필요가 있다.

과학기술정책의 병목과 시스템 문제

한국은 GDP 대비 R&D 투자 비율이 세계 최고 수준이지만, 그 투자 효율성과 사회적 파급력은 기대에 미치지 못하고 있다. 다음과 같은 병목이 존재한다.

첫째, 기초과학에 대한 투자 불균형이다. 응용·산업 중심 R&D에 편중되어 있어 장기적 파급력이 큰 기초연구나 창의적 탐색연구에 대한 기반이 취약하다. 이는 미래 핵심기술 확보에서 후발주자가 될 가능성을 높인다.

둘째, 연구자 중심의 R&D 생태계 미비다. 과제 중심, 평가 중심, 관리 중심의 R&D 제도는 연구자의 창의성·자율성·도전정신을 억제하고 있으며, 연구행정 부담도 과도하다.

셋째, 산학연 협력의 단절이다. 대학-출연연-기업 간의 지식·인재·장비·성과 공유 시스템이 부족하며, 성과 이전과 사업화 지원도 미흡하다. 이는 연구성과의 '죽음의 계곡'(valley of death) 현상을 악화시킨다.

넷째, 과학기술 인재 양성과 유출 문제다. 대학원 중심의 연구인력 양성 체계는 취업 연계성이 약하며, 우수 이공계 인재의 해외 유출과 국내 유입 저조가 심각한 문제로 지적된다.

다섯째, 장기 전략의 부재다. 연구개발 투자가 정권 주기나 부처별 분절성에 따라 변동성이 높고, 10~20년을 내다보는 중장기 전략 체계가 정립되지 못하고 있다.

과학기술 기반 성장전략을 위한 정책 전환

한국이 기술 강국을 넘어 '지속 가능한 기술 선도국'으로 도약하기 위해서는 다음과 같은 전략이 필요하다.

첫째, 기초과학과 첨단 기술의 양대 축 강화다. 물리, 수학, 생명과학 등 기초연구에 대한 장기적 투자와 함께, 양자기술, 우주항공, 인공지능, 기후기술, 생명공학 등 첨단 분야에 대한 국가적 집중 투자와 로드맵 설계가 필요하다.

둘째, R&D 제도의 자율성·도전성·장기성 확대다. 연구자 중심 과제 기획, 성과 중심이 아닌 과정 중심의 평가체계, 중복성과 포용적 실패를 허용하는 유연한 R&D 시스템이 필요하다. 과제관리에서 '연구 생태계 관리'로 패러다임을 전환해야 한다.

셋째, 산학연 연결 허브 구축과 연구성과 사업화다. 기술지주회사, 대학 내 창업 인큐베이터, 공공기술 이전 플랫폼, 기술금융 매칭 체계 등 지식의 흐름과 자본·시장·인력의 연결을 지원하는 중간조직을 확충해야 한다.

넷째, 이공계 인재 생태계 강화다. 박사 후 연구지원 확대, 기술창업 장려, 고급과학자 유치 프로그램, 해외우수 연구자 귀환 지원 등을 통해 과학기술 인재의 흐름을 한국으로 돌리는 국가 전략이 필요하다.

다섯째, 국가 과학기술전략 컨트롤타워 정비다. 부처 간 R&D 중복, 예산 배분의 단절을 해소하기 위해, 과학기술혁신본부의 위상 강화, 국무총리실 직속 조정기능 신설, 민관 과학기술전략회의 운영 등을 고려할 수 있다.

미래는 기술이 만든다. 기술은 과학이 뒷받침한다. 과학기술을 기반으로 한 중장기 성장전략은 단기 수출·투자 중심 경제모델을 넘어 지속 가능하고 창의적인 대한민국의 미래를 여는 유일한 길이다. 지금 필요한 것은 돈이 아니라 방향이고, 선언이 아니라 시스템이다.

10
국방산업과 우주산업, 성장의 숨은 동력

안보산업에서 전략산업으로

국방산업은 오랫동안 '필요경비'로 간주되어 왔다. 국가 안보를 위한 무기 생산과 방위체계 유지의 보조적 수단으로 인식되었고, 경제적 관점에서는 산업적 성장성과는 거리가 먼 특수 분야로 분류되었다. 그러나 지금은 달라졌다.

국방산업은 이제 첨단기술의 집약체이자, 글로벌 수출 시장에서의 유망 성장 분야로 주목받고 있다. 자율무기체계, 인공지능 기반 지휘 통제, 정밀 유도무기, 위성 정보체계, 사이버전 대응 기술 등은 모두 기술혁신과 산업 고도화를 동시에 요구하는 영역이다.

우주산업 역시 과거의 탐사 중심에서 벗어나, 위성통신, 우주자원, 민간발사체, 우주인터넷 등 국가경제와 산업경쟁력에 직결되는 차세대 인프라로 부상하고 있다. 스페이스X, 블루오리진, 원웹 등 민간 우주기업들의 등장은 '뉴 스페이스' 시대의 개막을 알리고 있다.

한국은 국방과 우주 기술에서 일정 수준의 역량을 축적했지만, 이를 국가 성장 전략의 한 축으로 편입시키는 데는 소극적이었다. 이제는 '안보의 산업화', '우주의 산업화'를 본격적으로 추진해야 할 시점이다.

국방·우주산업이 마주한 병목과 과제

한국의 국방산업과 우주산업은 기술력, 제도, 전략 등 여러 면에서 병목에 부딪혀 있다.

첫째, 내수 중심의 폐쇄적 산업구조다. 방위산업은 군수물자 중심의 내수 공급 구조에 머물러 있으며, 수출 경쟁력은 제한적이고, 민간 전용화·이중용도 기술(Dual Use)의 확산은 더디다.

둘째, 기술 독립성과 자립도 부족이다. 항공기, 정밀유도무기, 위성통신기술 등은 여전히 핵심 부품·기술의 해외 의존도가 높고, 원천기술 확보가 미진한 상태다.

셋째, 민·군 기술 협력 체계의 부재다. 국방과 민간 기술 간 교류가 제한적이고, 국방과학연구소, 방위사업청, 산업계 간의 정보·기술·인재 흐름이 원활하지 않다. 이는 기술 확산성과 산업 연계력을 저해하는 요인이 된다.

넷째, 우주 분야의 장기 전략과 민간 주도 생태계 미약이다. 발사체 기술은 점진적 성과를 내고 있으나, 위성 개발, 상업통신, 우주 자원 탐사, 우주산업 클러스터 조성 등은 전략적 연계가 약하고, 민간 참여 기반도 취약하다.

다섯째, 글로벌 네트워크와 수출 기반의 부족이다. 방산·우주 분야는 국제 공동개발, 수출 파트너십, 해외 인증·표준화 등 외교·산업·기술을 아우르는 총체적 접근이 필요한데, 한국은 여전히 고립된 경쟁 구도에 머물러 있다.

산업전략으로서의 국방·우주 육성방안

국방산업과 우주산업을 미래 산업전략의 핵심축으로 삼기 위해서는 다음과 같은 국가적 접근이 필요하다.

첫째, 수출형 방산 전략과 국제협력체계 구축이다. 고정익·회전익 항공기, 지대공·지대지 미사일, K-방산 브랜드화 등을 통해 글로벌 방산 수출국으로의 도약 전략을 수립하고, 나토·중동·아세안 등과의 무기 협력 네트워크를 확장해야 한다.

둘째, 민·군 기술협력 체계 고도화다. 민간 R&D 역량을 국방기술로 흡수할 수 있도록 기술이전 플랫폼, 공동연구개발, 데이터·시설 공유체계를 확립하고, 이중용도 기술(Dual Use Technology) 기반 산업 육성을 촉진해야 한다.

셋째, 우주산업 전담기구 및 클러스터 조성이다. NASA형 민관협력 전담기구 설립, 지자체 기반의 우주산업특구 지정, 위성·발사체·지상체 등 전주기 생태계 조성을 통해 한국형 뉴 스페이스 전략을 본격화해야 한다.

넷째, 기술 자립도 제고와 첨단기술 국산화다. AI, 양자센서, 위성항법, 초소형 발사체 등 핵심 원천기술 확보를 위한 국가 주도 R&D 프로젝트, 글로벌 기술공동개발, 기술유출 방지체계 강화등이 병행되어야 한다.

다섯째, 국방·우주 전문인력 양성과 해외 네트워크 강화다. 고급 인재를 유치하기 위한 국방·우주 특화대학원 확대, 산업계 연계 실무교육 강화, 해외 우주기구 및 방산 전시회 참여 확대 등을 통해 글로벌 수준의 전문인재 기반을 확보해야 한다.

국방과 우주는 이제 국가 안보와 과학기술, 산업경쟁력, 외교전략이 교차하는 복합 거점산업이다. '전쟁 억제력'을 넘어 '경제 확장력'을 지닌 국방·우주 전략을 갖추는 국가만이 21세기 지정학과 기술경쟁의 승자가 될 수 있다. 지금이 바로 대한민국의 국방·우주 대도약을 설계할 적기다.

PART
7

저성장 탈출을 위한
국가대전략

저성장을 극복하려면 단기 부양책을 넘는 패러다임 전환이 필요하다.
성장의 목적 재정의, 포용과 공정의 균형, 신뢰 회복, 민간 주도 혁신,
지속가능성과 삶의 질을 중심으로 한 지표 전환 등
전방위적 국가 전략이 요구된다.
대타협 거버넌스와 실행 중심의 로드맵 수립이 핵심이다.

01
'성장의 목적'을 다시 묻다

무엇을 위한 성장인가?

한국 사회는 오랫동안 '성장 중심'의 경제 기조를 견지해왔다. 연평균 두 자릿수 성장을 구가했던 산업화 시기, '한강의 기적'이라 불린 압축성장은 국민 생활수준의 비약적인 향상과 글로벌 위상 제고를 이끌어냈다.

그러나 이제는 성장 그 자체가 목적이 될 수 있는 시대는 끝났다. 단순한 GDP 증가가 국민의 삶의 질을 담보하지 않으며, 성장률 수치가 올라가도 체감경제, 일자리, 사회 안정성은 오히려 악화되는 현상이 반복되고 있다. 이는 단순히 성장률이 낮아졌기 때문이 아니라, '왜 성장해야 하는가'에 대한 사회적 합의와 방향성 상실에서 비롯된 현상이다.

이제는 성장률 몇 %가 아니라, 그 성장이 무엇을 바꾸고, 누구에게 혜택을 주며, 어떤 구조적 전환을 이끄는가에 대한 질문을 던져야 할 때다. 즉, 양적 성장에서 질적 성장으로, 단기 성장에서 지속 가능한 구조 성장으로의 전환이 핵심이다.

성장의 질, 구조, 분배를 함께 보라

저성장을 돌파하는 전략은 단순히 성장률을 높이는 데 그쳐서는 안 된다. 오히려 그보다 중요한 것은 성장의 내용과 방식, 그리고 분배의 구조를 재설계하는 일이다.

첫째, 질적 성장이 필요하다. 단순한 생산량 증가가 아니라 생산성, 혁신 역량, 생태적 지속가능성, 사회적 신뢰의 축적이 동반되어야 한다. 이는 곧 기술 중심, 사람 중심, 환경 중심의 성장 패러다임을 요구한다.

둘째, 구조적 성장 기반의 전환이 중요하다. 노동집약형·저가수출형 모델에서 고부가가치·첨단기술·내수 기반 성장모델로의 이행, 산업과 산업, 산업과 서비스 간의 수평적 융합과 연결 중심의 성장구조로 진화해야 한다.

셋째, 포용성과 형평성이 담보된 성장이 필요하다. 소득 불균형, 지역 격차, 세대 간 불평등, 디지털 격차 등 성장으로부터 소외되는 계층을 포용하는 성장 설계가 이뤄져야 하며, 복지와 조세, 교육과 금융이 이를 뒷받침해야 한다.

넷째, 미래세대를 위한 성장 전략이어야 한다. 기후위기, 인구절벽, 부채 리스크 등 세대 간 지속가능성을 해치는 요소를 줄이고, 장기적 책임성을 갖춘 정책 설계와 재정 운용이 필요하다.

패러다임의 전환, 국가전략의 재정립으로

이러한 변화는 성장의 정의를 넘어, 국가전략의 패러다임 자체를 바꾸는 일이다. 다음과 같은 방향에서 새로운 성장체계를 구축해야 한다.

첫째, 국가 목표의 전환이다. 단순한 경제성장을 넘어 '삶의 질', '안전', '자율과 다양성', '미래세대의 기회 보장'을 국가 비전의 중심에 두어야 한다. 이는 성장률보다 국민행복, 사회자본, 공공신뢰, 환경회복력같은 지표를 중시하는 전환을 뜻한다.

둘째, 정책 평가 기준의 변화다. 모든 정책을 단기 경제효과로만 평가할 것이 아니라, 중장기 구조 변화에 미치는 영향, 사회적 약자에 대한 효과, 지속가능성과 회복탄력성 기여도 등으로 종합 평가해야 한다.

셋째, 국가 시스템의 유연화와 통합성 강화다. 부처 간 칸막이를 허물고, 복합 위기에 대응하는 융합형 정책 설계와 민관 협력 플랫폼 구축, 데이터 기반 실시간 정책 운영체계를 마련해야 한다.

넷째, 정치적 리더십과 사회적 합의의 재구성이다. 성장은 정부

혼자의 과제가 아니다. 정당, 국회, 시민사회, 산업계가 공동의 성장 비전을 갖고 장기 전략을 공유하며, 사회적 대타협을 이끌어내는 민주적 리더십이 필요하다.

저성장의 늪을 벗어나기 위한 첫걸음은 '왜 성장하는가'를 다시 묻는 것에서 시작된다. 단순한 수치 경쟁이 아니라, 국민 개개인의 삶을 변화시키는 성장, 지속 가능한 미래를 만드는 성장, 모두가 함께 나아가는 성장의 길을 찾을 때다. 그 전환의 시작점은 바로 '성장의 목적'을 다시 정의하는 일이다.

02
성장과 공정의
균형 있는 재정의

'양극화된 성장'의 한계를 마주하다

한국은 빠른 경제성장을 이뤄낸 반면, 그 이면에는 구조적 양극화와 불평등이 누적되어 왔다. 대기업과 중소기업, 수도권과 비수도권, 정규직과 비정규직, 고령층과 청년층 사이의 격차는 성장의 과실이 특정 집단에 집중된 구조를 보여준다.

이러한 성장 방식은 포용성을 훼손하고, 사회적 신뢰를 약화시키며, 경제의 지속가능성마저 위협하고 있다. 경제가 성장해도 분노는 커지고, 기회는 좁아지며, 미래에 대한 기대는 줄어드는 '불균형 성장의 역설'이 현실이 되었다.

지금까지는 '공정'을 성장의 전제로 보거나, 혹은 성장 이후 나눠야 할 결과로만 취급해 왔다. 그러나 이제는 성장과 공정이 상호 배타적인 것이 아니라, 동시에 설계돼야 할 전략 요소임을 인식해야 한다. 공정 없는 성장은 지속되지 않고, 성장 없는 공정은 실현되지 않는다.

공정과 성장을 함께 설계하는 네 가지 원칙

성장과 공정의 균형을 위해서는 단순한 정책 조율을 넘어 국가 전략의 전면적 전환이 필요하다. 다음 네 가지 원칙이 중요하다.

첫째, 기회의 공정성 확보다. 입시, 취업, 창업, 금융, 기술개발 등 경제적 진입의 문턱을 낮추고, 차별 없는 경쟁 환경을 만드는 것이 공정의 출발점이다. 이는 곧 사다리 복원의 문제이자, 성장동력의 다변화 전략이기도 하다.

둘째, 불공정 구조의 해소다. 불공정 거래, 갑을관계, 독과점, 정보 비대칭, 플랫폼 불균형 등 시장 내에서의 구조적 불공정은 혁신을 막고, 중소기업과 청년층의 도전을 좌절시킨다. 이러한 구조를 개선하는 것이 성장을 위한 토양 정비다.

셋째, 성과에 따른 정당한 보상 시스템 구축이다. 동일노동 동일임금, 직무 기반 보상, 인센티브의 투명성 등 노력과 결과가 합리적으로 연결되는 제도 설계가 공정성을 높이며, 성과 중심의 생산성 제고와도 직결된다.

넷째, 미래세대와 약자를 고려한 재분배 구조 강화다. 조세, 복지, 교육, 주거 등 공공 시스템을 통해 불가피한 격차를 완충하고, 공정한 기회를 제공하는 국가의 역할이 중요하다. 이는 단순한 시혜가 아니라, 사회 전체의 생산성과 창의성을 높이기 위한 투자다.

제도와 담론의 이중 전환이 필요하다

　공정과 성장을 동시에 이루기 위한 전략은 정책의 설계만으로는 충분하지 않다. 이를 뒷받침할 제도와 사회적 담론의 이중 전환이 함께 이뤄져야 한다.

　첫째, 규제개혁과 공정거래의 병행이다. 규제 완화가 대기업 중심의 이익에 편중되지 않도록, 공정거래법·하도급법·프랜차이즈법 등에서의 공정성 확보가 전제되어야한다. 동시에 신산업에 대한 규제 샌드박스 등 혁신 친화적 환경도 함께 구축해야 한다.

　둘째, 노동시장 구조의 유연성과 형평성 동시 확보다. 고용의 유연성은 기업의 경쟁력을 높이고, 형평성은 노동자의 삶의 질과 사회 안정성을 보장한다. 비정규직 보호, 직무 중심 보상, 고용 안전망의 이중설계가 필요하다.

　셋째, 공정한 조세·재정 담론의 재구성이다. 증세나 복지 확대가 무조건적 저항의 대상이 되지 않도록, 공정한 부담, 효율적 사용, 미래세대 투자라는 세 가지 원칙하에 조세·재정 정책에 대한 사회적 신뢰를 회복해야 한다.

　넷째, 교육과 금융의 공정 인프라화다. 사교육 의존도를 낮추고, 기회 중심의 공교육 강화, 불평등한 금융 접근성을 해소하기 위한 금융 취약계층 지원 정책과 공정한 신용평가 제도 개편이 필요하다.

　성장과 공정은 선택의 문제가 아니다. 함께 가야 지속되고, 함께 설계돼야 실현된다. 이제는 '나중에 나눌 공정'이 아니라, '처음부터 설계된 공정'을 바탕으로 지속 가능한 성장을 일구는 시대적 전환이 필요하다. 그 균형 위에만 '함께 가는 성장'의 미래가 있다.

03
사회적 자본 회복과
신뢰 기반 재구축

'보이지 않는 성장 자산', 사회적 자본의 위기

경제성장의 핵심 자산은 자본과 노동만이 아니다. 협력, 신뢰, 네트워크, 규범, 참여, 공동체 의식과 같은 '보이지 않는 자산', 즉 사회적 자본(Social Capital)은 시장의 윤활유이자, 위기 대응의 힘이며, 제도와 정책의 실효성을 뒷받침하는 보이지 않는 성장 인프라다.

그러나 한국 사회는 지금 이 자산이 빠르게 훼손되고 있다. 정치적 양극화, 지역·계층 간 불신, 세대 갈등, 시민참여의 피로, 공공영역에 대한 냉소주의 등은 사회 전체의 신뢰수준을 저하시키며, 경제·정치·사회 전반의 시스템 효율을 갉아먹고 있다.

OECD 조사에 따르면, 한국 국민의 정부·정당·언론·사법기관에 대한 신뢰도는 평균 이하 수준이며, 타인에 대한 일반적 신뢰도도 세계 최하위권에 머물러 있다. 이는 민주주의의 질을 저하시킬 뿐만 아니라, 정책 수용성, 기업의 혁신환경, 시민사회의 연대성 등 전반에 부정적 영향을 미친다.

신뢰 기반 붕괴의 원인과 구조적 병목

사회적 자본이 훼손된 배경에는 몇 가지 구조적 요인이 존재한다.

첫째, 정치권의 극단화와 진영논리 심화다. 협치보다는 대결, 공통의 문제 해결보다는 정쟁이 일상화되면서 공공문제에 대한 합의 형성 능력이 심각하게 저하되었다. 이는 시민들의 정치 회의주의로 이어진다.

둘째, 사회안전망에 대한 불신이다. 고용불안, 주거불안, 노후불안 등이 국가에 대한 기대보다는 개인의 생존 전략을 강화시키는 방향으로 작동하며, 공공신뢰를 약화시킨다.

셋째, 공정성에 대한 불신의 확산이다. 불투명한 정책 결정, 특권층의 사익 추구, 공정하지 못한 채용과 입시, 기업 내부의 차별 구조 등이 시민들로 하여금 제도와 기회에 대한 신뢰를 상실하게 만든다.

넷째, 온라인 플랫폼을 통한 혐오와 분열의 일상화다. 알고리즘 기반의 정보 편향, 익명성에 기대는 공격성, 가짜뉴스의 확산은 시민 간 연대와 공감의 능력을 저하시키고, 사회의 연결망을 약화시키는 주된 원인이 된다.

다섯째, 지역·계층·세대 간 단절이다. 지역경제의 쇠퇴, 교육격차의 확대, 청년층의 기회 상실, 고령화에 따른 세대 긴장 등은 집단 간 이해 충돌을 고조시키며 공동체 회복의 동력을 약화시킨다.

사회적 신뢰 회복을 위한 전략적 접근

사회적 자본을 복원하고 신뢰 기반을 재구축하기 위해서는 다음과 같은 전략이 필요하다.

첫째, 공공 거버넌스의 투명성과 책임성 강화다. 정보공개 확대, 시민참여 예산제, 정책이행 모니터링, 공직자 윤리 강화 등을 통해 정부가 먼저 신뢰받을 수 있는 행동을 해야 한다.

둘째, 사회적 대화와 갈등 조정의 제도화다. 노사정 협의체, 세대 간 공론장, 지역공동체 기반의 주민자치 플랫폼 등을 활성화해 다양한 이해관계자들이 합리적으로 의견을 교환하고 조율할 수 있는 공간을 설계해야 한다.

셋째, 디지털 공론장의 신뢰성 회복이다. 알고리즘 투명성 확보, 허위정보에 대한 책임 강화, 디지털 윤리교육, 공공플랫폼 확대 등을 통해 온라인 공간이 분열이 아닌 공감과 연결의 장이 되도록 설계해야 한다.

넷째, 공정한 기회의 제도화다. 공정 채용, 고른 교육 기회, 균형 발전, 정책의 지역 안배 등 사다리 복원을 제도화하여 시민 개개인이 제도를 신뢰할 수 있도록 해야 한다.

다섯째, 공동체 기반 복원 프로젝트 추진이다. 도서관, 커뮤니티 센터, 공유 공간, 마을기업 등 지역 기반의 사회적 인프라를 확충하고, 시민의 자발적 활동과 연대를 지원함으로써 생활 속 신뢰의 기반을 회복해야 한다.

성장의 엔진은 눈에 보이는 자산만으로 작동하지 않는다. 신뢰와 협력, 연대와 공감이라는 사회적 자본이 작동할 때, 진정한 의미의 혁신과 생산성 향상이 가능해진다. 지금 필요한 것은 '경제만의 회복'이 아니라, 사회의 회복, 신뢰의 복원이다.

04
기회의 사다리 복원, 교육·복지·금융 재설계

사라진 사다리, 닫힌 문을 다시 열어야 한다

한국 사회는 압축성장의 시대를 거치며 '개천에서 용 난다'는 상징적 희망을 품어왔다. 교육을 통한 계층 이동, 자영업과 창업을 통한 자산 형성, 노력과 기회의 결합이 가능했던 시대는 광범위한 사회적 동력을 형성하는 기반이자, 성장과 분배의 균형을 유지한 토대였다.

그러나 이제 그 사다리는 무너지고 있다. 입시의 세습화, 자산 격차의 고착화, 창업의 플랫폼 종속, 비정규직의 탈출 불가능성, 금융 배제의 구조화 등은 '기회의 평등'을 심각하게 훼손하고 있다. 이러한 기회의 단절은 단지 공정성의 문제를 넘어, 한국 사회의 성장 에너지를 급속히 약화시키고 있다.

저성장을 돌파하기 위해서는 단순한 재정 투입이나 분배 강화가 아닌, 기회의 구조를 복원하는 전면적 시스템 재설계가 필요하다. 특히 교육, 복지, 금융세 분야는 시민 개개인의 삶과 밀접하며,

사회 전체의 사다리 구조를 결정짓는 핵심축이다.

기회를 가르는 제도의 벽들

오늘날 기회의 사다리를 가로막는 제도적 장애물은 다음과 같이 구체화되고 있다.

첫째, 교육의 불평등화다. 고교·대학 입시에서 사교육 의존도는 갈수록 높아지고 있으며, 지역·계층 간 학력 격차는 확대되고 있다. 공교육은 신뢰를 잃고, 교육은 공정한 사다리가 아니라 특권의 재생산 장치로 전락하고 있다.

둘째, 복지제도의 사각지대와 비연속성이다. 생애주기별 맞춤형 복지서비스는 단절되어 있고, 중위소득 이하 가구의 복지 접근성은 낮으며, 근로 빈곤층이나 비정형 취업자에 대한 정책은 미비하다. 복지의 선별성과 누수는 사회적 안전망을 불완전하게 만든다.

셋째, 금융 접근의 양극화다. 자산이 있는 계층은 저금리 대출과 다양한 투자 기회를 통해 자산을 불린 반면, 저신용자와 청년층, 자영업자는 고금리 대출과 신용 불이익, 금융상품 접근 제약에 시달리고 있다. 금융이 기회의 통로가 아닌 격차의 재생산 수단이 된 셈이다.

넷째, 일자리와 주거의 구조적 배제다. 청년·고령층·경단여성 등 취약계층은 정규직 진입이 어렵고, 장기적 경력 설계가 불가능하며, 수도권 중심의 부동산 가격 폭등은 주거 불안정과 자산 격차를 더욱 고착시키고 있다.

다섯째, 제도의 복잡성과 정보 비대칭이다. 많은 제도가 존재함에도 불구하고, 정보 접근이 어려워 정작 필요한 이들이 제도를 활용하지 못하는 '숨은 배제' 현상이 발생하고 있다. 이는 제도 설계의 포용성 부족을 의미한다.

사다리 복원을 위한 정책 재설계 방향

기회의 구조를 다시 세우기 위해서는 단순한 시혜성 접근을 넘어, 제도와 생태계를 통한 포용과 기회의 구조화 전략이 필요하다.

첫째, 공교육의 회복과 기회의 평준화다. 기초학력 보장, 지역 간 교육격차 해소, 디지털 교육 인프라 확대, 사교육 의존도 축소, 교육과정의 유연화 등을 통해 누구나 출발선에서의 기회를 동등하게 누릴 수 있도록 공교육 시스템을 재정비해야 한다.

둘째, 복지의 연계성과 맞춤화다. 아동-청년-중장년-노년으로 이어지는 생애주기별 복지체계를 통합하고, 데이터 기반의 맞춤형 복지 제공, 복지 사각지대 탐지 시스템 고도화 등을 통해 취약계층에 대한 지원의 실질성과 지속성을 높여야 한다.

셋째, 포용적 금융 생태계 구축이다. 청년·자영업자·저신용자 대상의 정책금융 확대, 신용회복제도 개선, 금융정보 접근성 향상, 디지털 금융 소외계층 지원 등으로 금융이 기회를 열어주는 제도로 전환돼야 한다.

넷째, 일자리와 주거의 포용성 강화다. 직무 중심 채용, 경력보유 여성 복귀 프로그램, 지역 맞춤형 일자리 모델 확산, 청년주택 공급 확대, 주거비 지원 강화 등을 통해 노동시장과 주거시장에서의 배제를 완화하고 진입 문턱을 낮춰야 한다.

다섯째, 정보 접근과 제도 설계의 포용성 제고다. 국민 누구나 복지·교육·금융 제도를 쉽게 이해하고 활용할 수 있도록 통합 정보 플랫폼 구축, 상담·코디네이터 제도 확대, 정보 소외계층을 위한 접근성 향상 정책이 필요하다.

한국 사회의 저성장 탈출은 사다리를 복원하는 데서 시작된다. 그것은 곧 사람이 성장하고, 삶이 설계될 수 있는 구조를 복원하는 일이다. 기회가 막힌 사회는 정체되고, 불만이 쌓이고, 미래를 잃는다. 교육·복지·금융이라는 삶의 핵심 인프라를 다시 설계할 때, 비로소 '성장의 토대'도 복원될 수 있다.

05
민간 주도의
성장동력 체계 확립

국가 주도 성장의 한계, 민간 혁신으로 전환할 때

한국 경제는 오랫동안 정부 주도의 성장 전략을 기반으로 발전해왔다. 1960~90년대 산업화·수출 주도 전략과 2000년대 이후의 IT·녹색성장 정책 등은 공공이 방향을 잡고 민간이 따르는 방식이었다. 이러한 모델은 초기 자본 축적과 산업기반 조성에는 유효했지만, 저성장 국면과 기술경쟁 시대를 돌파하기에는 한계에 직면하고 있다.

오늘날 혁신의 중심은 창의성, 속도, 융합, 민첩한 실행력이다. 기술과 산업은 더 이상 일률적인 '기획 성장'으로 움직이지 않는다. 디지털 전환, AI, 바이오, 기후기술 등 미래산업은 민간의 자율적 탐색과 경쟁을 통해 진화하며, 국가의 역할은 방향 설정과 생태계 조성으로 바뀌고 있다.

따라서 이제는 정부 중심에서 민간 주도, 규제 위주에서 창의 기반, 대기업 위주에서 다중 혁신 주체 중심으로 성장 전략을 전면 전환해야 한다. 민간의 힘이 경제를 이끄는 주체가 되어야 한국 경제가 다시 도약할 수 있다.

민간 역동성을 막는 제도적 장벽들

민간의 성장동력을 막는 제도적 장벽은 다음과 같다.

첫째, 과도한 사전규제 중심의 정책 환경이다. 규제는 여전히 사전허가, 업종 분류, 진입 장벽, 자본 요건 중심으로 설계되어 있어 신산업의 등장과 융합형 비즈니스 모델의 진입을 어렵게 한다.

둘째, 창업 및 스타트업 생태계의 미성숙이다. 벤처캐피털, 엔젤투자, 민간 엑셀러레이터, 기술보증 체계 등 초기 창업 생태계의 두께와 다양성이 부족하고, 회수시장(M&A, IPO)도 취약해 창업이 이어지지 않는다.

셋째, 산업 간, 부처 간 경직된 분절구조다. 기존의 산업 분류·진흥 정책·지원 제도는 융복합 산업이나 플랫폼 기반 기업의 실체를 포착하지 못하며, 부처 간 책임 회피와 중복 규제로 이어진다.

넷째, 노동시장과 인재정책의 경직성이다. 정규직 중심 고용, 연공 중심 임금체계, 전공 중심 교육체계 등은 기민한 인력 이동과 역량 개발을 막고, 민간의 인재 활용 유연성을 떨어뜨린다.

다섯째, 정부와 민간 간 신뢰 부족이다. 민간은 정부 정책을 일시적이고 불확실한 것으로 여기고, 정부는 민간의 자율을 불신하며 간섭하는 이중 불신 구조가 혁신적 민관 협력의 발목을 잡고 있다.

민간 주도 성장체계로의 전환 전략

민간이 중심이 되는 성장체계를 구축하기 위해서는 다음과 같은 전략적 정책 전환이 필요하다.

첫째, 포괄적 네거티브 규제 체계로의 전환이다. 규제 사전심사제, 규제영향평가 강화, 규제 유예 기간 설정, AI·데이터·디지털 등 신산업에 대한 사후 모니터링 기반의 규제 시스템을 도입해야 한다.

둘째, 창업 생태계의 전주기 지원 체계 구축이다. 예비창업→초기 투자→시장 진입→글로벌 확장에 이르기까지 재정·금융·법제·세제·시장 접근성을 아우르는 통합 지원 시스템을 마련하고, 지역형 창업 허브, 대학 기술사업화 플랫폼을 확대해야 한다.

셋째, 민간 투자 촉진을 위한 자본시장 활성화다. 기술기업 상장 제도 개선, 민간 벤처펀드 확대, 공공 자금의 민간 펀드 참여 유도, M&A 시장 제도 정비 등을 통해 자금의 흐름이 혁신으로 연결되도록 해야 한다.

넷째, 인재의 유연한 이동과 재교육 체계 강화다. 직무 중심 교육훈련, 산업 맞춤형 학사·석사과정, 재직자 역량 강화 플랫폼, 전직·전환 지원 인프라 확충 등을 통해 민간 기업이 빠르게 인재를 확보·활용할 수 있도록 해야 한다.

다섯째, 정부의 역할을 조정자로 재정의해야 한다. 직접 수행자에서 생태계 조성자, 플랫폼 제공자, 규칙 설계자로 기능을 바꾸고, 민간과의 신뢰 기반 파트너십, 민관 공동 정책 개발·운영 체계를 제도화해야 한다.

경제는 민간이 움직일 때 성장하고, 시장은 자율과 혁신이 작동할 때 살아난다. 지금 필요한 것은 정부가 선도하는 성장에서, 민간이 이끄는 역동적 성장으로의 체계 전환이다. 민간의 상상력과 실행력이 작동하는 시스템을 설계할 때, 비로소 한국 경제는 다시 뛸 수 있는 발판을 얻게 된다.

06 대타협 기반의 거버넌스 혁신

갈등의 정치에서 조정의 정치로

한국 사회는 지금 정치·경제·사회 모든 분야에서 '총체적 갈등 사회'로 이행하고 있다. 여야 대립, 노사 대립, 세대 간 긴장, 지역 갈등, 공공과 민간의 이해 충돌 등 다중 갈등이 중첩되고 고착화되면서 사회적 합의 형성과 제도적 조정이 마비되는 상태에 이르렀다.

이러한 갈등은 단순한 소통의 부재가 아니라, 이해관계 조정 시스템의 부재, 거버넌스의 무능, 정치의 극단화에서 비롯된다. 협치의 부재는 정쟁의 일상화로, 공론장의 실종은 불신의 사회로, 제도 설계의 실패는 혁신의 마비로 이어진다.

지금 필요한 것은 대립과 정체의 거버넌스에서, 대타협과 실행 중심의 거버넌스로의 전환이다. 이를 위해서는 구조와 시스템의 혁신, 그리고 정치와 시민사회의 의식 전환이 동시에 이뤄져야 한다.

왜 한국은 '합의 사회'가 되지 못했는가

지속 가능한 성장과 개혁을 위해선 사회적 타협 기반이 전제돼야 한다. 그러나 한국 사회는 다음과 같은 이유로 대타협 거버넌스를 구축하지 못해 왔다.

첫째, 정치의 극단화와 승자독식 구조다. 다수의 획득이 곧 정책 결정의 독점으로 이어지는 구조는 소수 의견의 배제와 양극화를 심화시키며, 정책의 일관성과 지속 가능성을 약화시킨다.

둘째, 정책 결정의 밀실화와 폐쇄성이다. 전문가, 시민, 이해관계자가 참여하는 공론화 절차나 사전 숙의 과정 없이, 권력 중심에서 일방적으로 정책을 설계·집행하는 방식은 사회적 저항과 제도 실패를 반복시킨다.

셋째, 시민사회의 분절화와 동원형 정치다. 시민사회는 자율적 숙의와 타협보다는 이념·이익 기반의 동원 정치로 치우쳐 있으며, 상호 이해와 조정을 위한 플랫폼이 취약하다.

넷째, 노사·산학·지역 간 협력의 제도 미비다. 노사정위원회, 지역 혁신협의회, 산업계-학계 협력 거버넌스 등은 형식적으로 존재하나, 실질적인 결정권과 책임성, 정책 영향력을 확보하지 못하고 있다.

다섯째, 정책 실패에 대한 책임 회피 문화다. 잘못된 정책에 대한 책임 추궁은 비효율적 정치 공방으로 이어지고, 성과 기반 평가나 실질적 수정 메커니즘이 작동하지 않음으로써 학습 가능한 거버넌스가 부재하다.

대타협을 위한 거버넌스 구조 재설계

대타협 기반의 거버넌스 구축은 '기존 거버넌스를 개선'하는 수준을 넘어, 새로운 합의 시스템을 설계하는 국가전략의 일환이어야 한다.

첫째, 숙의 기반 시민 참여제도 정착이다. 국민참여예산제, 공론화위원회, 시민의회, 지역사회 의제 발굴단 등 시민이 초기 정책 형성과정에 실질적으로 개입할 수 있는 장치를 확대하고, 정치적 의사결정과 실질적 연결고리를 마련해야 한다.

둘째, 사회적 협약제도 제도화다. 노사정 대타협, 교육·복지·조세 관련 사회적 협약, 청년·고령층·젠더 의제를 아우르는 '미래세대 사회협약' 등을 통해, 중장기 정책 방향에 대한 포괄적 합의 구조를 만들어야 한다.

셋째, 부처 간 융합형 협업 거버넌스 구축이다. 현행 수직적 부처 구조를 유연화하여, 부처 간 공동 목표 기반의 통합 태스크포스 운영, 민관협치위원회 상설화, 데이터 공유와 정책 연계성 확보 등이 필요하다.

넷째, 정당·국회 시스템의 개혁이다. 위원회 중심 국회 운영, 상설 청문회 제도, 초당적 정책협약 체계, 다당제 기반 비례성 강화 등 국회의 갈등조정자 기능을 회복시키기 위한 정치제도 개편이 병행돼야 한다.

다섯째, 정책 실행과 피드백 구조의 투명화다. 정책 집행 이후의 평가, 수정, 책임 귀속이 가능한 실시간 모니터링 시스템과 정책 평가 플랫폼을 도입해, 정책 결정이 책임과 학습을 동반하는 구조로 작동하게 해야 한다.

국가의 역량은 '얼마나 많은 정책을 발표했느냐'가 아니라, 얼마나 많은 타협을 이끌어내고, 그 타협을 정책으로 구현했는가에 달려 있다. 진정한 거버넌스 혁신은 협상과 조정, 타협의 능력에서 출발한다. 대타협 없는 성장 전략은 허상일 뿐이며, 대화 없는 개혁은 지속될 수 없다.

07
성장 패러다임 전환:
속도에서 지속가능성으로

속도의 시대에서 지속가능성의 시대로

한국은 오랜 기간 '속도 중심의 성장 국가'였다. 빠른 산업화, 수출 확대, 도시화, 교육 확충, IT혁명 등 단기간에 이룬 발전의 역사는 한국 경제의 대표적 자산이자 자부심이었다. 그러나 이러한 속도 중심 패러다임은 고령화, 기후위기, 자원 고갈, 노동력 정체, 사회적 갈등 등의 도전에 직면하면서 새로운 성장 전략으로의 전환을 요구받고 있다.

더 이상 속도만으로는 지속 가능한 발전을 담보할 수 없는 시대다. 이제는 속도보다 지속가능성(sustainability), 회복탄력성(resilience), 포용성(inclusiveness), 연결성(connectivity)이 중심이 되는 새로운 성장 패러다임으로의 전환이 필요하다.

이러한 변화는 단순한 수치상의 성장률 하향이 아니라, 사회·환경·세대 간 균형을 고려한 성장 품질의 개선을 의미한다. '빨리 가는 성장'에서 '멀리 가는 성장'으로, 단기 중심에서 중장기 생태계 중심의 성장모델로 바뀌어야 한다.

지속 가능하지 못한 기존 성장의 구조적 한계

기존 속도 중심 성장 전략은 다음과 같은 구조적 한계를 드러내고 있다.

첫째, 자원과 환경의 한계다. 에너지 집약적 산업, 탄소 배출 기반 제조업, 자원 수입 의존 구조는 기후변화 대응과 ESG 경영 요구에 부합하지 않으며, 국제사회에서 경쟁력을 상실하고 있다.

둘째, 노동과 인구 구조의 변화다. 생산가능인구의 감소, 청년층의 고용 불안, 고령화의 가속은 속도 중심의 고성장 모델을 지속 불가능하게 만드는 핵심 요인이다.

셋째, 기술·시장 변화의 속도와 정책의 괴리다. 인공지능, 디지털 전환, 탈세계화 등 경제 환경이 급변하고 있으나, 기존의 산업·재정·교육·노동 정책은 속도에 뒤처져 있는 상황이다.

넷째, 사회적 신뢰의 붕괴와 포용성 부족이다. 불평등과 양극화, 복지의 사각지대, 교육 기회의 왜곡, 금융 접근의 불균형 등은 성장이 사회 통합과 연결되지 못한 채, 사회적 기반을 약화시키고 있다.

다섯째, 정책의 단기성과 정치적 계산이다. 선거 주기와 여론에 따라 단기성과 중심 정책이 반복되고, 중장기 전략은 후순위로 밀리면서 구조적 전환의 타이밍을 놓치고 있다.

지속 가능한 성장 체계를 위한 전략적 전환

성장 패러다임을 속도에서 지속가능성 중심으로 전환하기 위해 다음과 같은 전략이 필요하다.

첫째, 탄소중립과 녹색경제 중심 성장체계로의 전환이다. 재생에너지 투자, 산업계의 탄소 감축 로드맵 수립, 친환경 인프라 확충, 그린 일자리 창출 등을 통해 환경과 경제가 선순환하는 생태계 조성이 필요하다.

둘째, 인적자원 중심의 성장 전환이다. 평생학습, 디지털 전환 교육, 고령자 맞춤형 재교육, 청년 역량 강화 정책 등을 통해 '사람'이 중심이 되는 지속 가능한 성장모델을 구축해야 한다.

셋째, 사회안전망과 복지시스템의 구조 개편이다. 생애주기별 맞춤형 복지, 복지와 노동의 연계, 자동화·AI 시대에 대응하는 기본소득적 요소의 도입 검토 등을 통해 위험 회피가 아닌 도전 유인을 제공하는 복지시스템으로 재설계해야 한다.

넷째, 지역균형발전과 분산형 경제구조 확립이다. 메가시티, 지역 혁신도시, 지역 R&D 플랫폼 등 지역 단위의 경제 생태계를 강화해 지속 가능한 공간 기반의 성장을 유도해야 한다.

다섯째, 정책 거버넌스의 장기성과 유연성 확보다. 부처 간 협업, 데이터 기반 예측 정책, 사회적 합의 기반 중장기 정책 비전 등을 통해 속도보다 방향성과 지속성 중심의 정책 운영체계로 전환해야 한다.

속도가 빠를수록 방향이 중요하고, 지속되지 않는 성장은 곧 한계에 도달한다. 지금 한국 경제에 필요한 것은 달리기의 속도보다, 지속적으로 걸을 수 있는 체력과 균형감각이다. 지속가능한 성장 패러다임으로의 전환은 선택이 아니라 생존의 문제이며, 미래세대를 위한 책임 있는 선택이다.

08
포용적 성장의 제도화 방안

포용의 원리, 성장의 조건이 되다

과거 성장 담론에서 포용은 '성과의 분배' 또는 '성장 이후의 책임'으로 여겨졌다. 그러나 지금은 다르다. 포용은 성장의 결과가 아니라, 성장의 선결 조건이다. 다양한 인구집단, 계층, 지역, 세대가 경제활동에 참여할 수 있을 때, 그리고 정책의 혜택이 고르게 돌아갈 때 경제의 활력도 비로소 회복된다.

OECD, IMF 등 주요 국제기구들도 "포용적 성장(Inclusive Growth)"을 21세기 경제 전략의 핵심 프레임으로 제시하고 있다. 이는 단순한 복지 확장이 아니라, 정책의 설계 단계부터 참여, 형평성, 접근성, 지속가능성을 내장하는 접근 방식이다.

한국 사회는 이제 포용의 가치를 선언이 아니라 구조와 제도에 내재화한 시스템 전환이 필요한 시점이다. 포용 없는 성장은 불안정하며, 배제된 이들이 늘어날수록 경제의 총합은 줄어든다.

포용을 가로막는 제도적 불균형

　포용적 성장을 방해하는 제도적 구조는 다음과 같이 확인된다.
　첫째, 불균형한 정책 설계와 접근성 차이다. 교육, 복지, 금융, 노동 정책 등이 중산층 또는 제도권 중심으로 설계되어 있어 청년, 고령층, 비정형 노동자, 외국인 노동자 등은 실질적 접근이 어렵다.
　둘째, 정량 중심 정책성과 평가체계다. 정책은 종종 '집행률', '수혜자 수', '예산 소진율' 등으로 평가되며, 실질적 효과성과 형평성, 삶의 질 개선 여부는 뒷전으로 밀린다.
　셋째, 지역 간 격차를 고려하지 않은 중앙집중형 제도다. 수도권 중심의 인프라, 교육, 문화, 보건체계는 지역 주민의 사회참여 기회를 제약하고, 지역 기반 성장동력 약화를 초래한다.
　넷째, 소수자·취약계층에 대한 보호 장치 미비다. 장애인, 여성, 이주민, 청소년 등은 법제도적 권리 보장과 정책적 배려가 미흡하며, 차별이나 배제를 경험하기 쉬운 구조에 놓여 있다.
　다섯째, 정책 추진과정에서의 참여기회 부족이다. 다양한 집단의 의견이 반영되지 않은 정책은 의도와 다르게 작동하거나, 신뢰를 잃고 저항을 유발하는 결과로 이어진다.

포용적 성장의 제도화를 위한 정책 제안

포용적 성장을 실현하기 위해서는 단편적 지원이 아니라, 제도 설계 자체를 포용적으로 바꾸는 시스템적 접근이 필요하다.

첫째, 포용성 기반의 정책평가제도 도입이다. 모든 정책 수립 시 '포용 영향 평가(Inclusion Impact Assessment)'를 시행해, 계층별·지역별·성별 접근성과 형평성을 검토하고 조정하는 장치를 마련해야 한다.

둘째, 보편성과 맞춤성의 이중 설계다. 기본소득, 아동수당, 공공교육 등 보편적 제도와 함께, 특정 계층·지역을 위한 맞춤형 보완 프로그램을 병행함으로써, '보편+타겟' 전략이 작동하도록 해야 한다.

셋째, 참여 기반 정책 수립 시스템 구축이다. 청년 위원회, 고령사회 자문단, 지역 주민참여예산제 등 다양한 참여 플랫폼을 통해 정책 초기부터 목소리가 반영되는 구조를 제도화해야 한다.

넷째, 포용적 디지털 전환 추진이다. 공공서비스 디지털화가 디지털 취약계층을 배제하지 않도록, 오프라인 병행 서비스 유지, 디지털 역량 교육, 접근성 장비 지원 등을 포함한 디지털 포용 전략이 병행돼야 한다.

다섯째, 지역 포용 성장전략 정립이다. 지역 단위의 교육·의료·문화 인프라 확충, 지역기업 육성, 청년 정착 프로젝트 등을 통해 지역 내 포용적 성장 생태계를 구축하고, 이를 국가균형발전 정책과 유기적으로 연계해야 한다.

포용은 도덕이 아니라 전략이며, 제도화되지 않은 포용은 실현되지 않는다. 한국 사회가 저성장을 벗어나기 위해서는 소외 없는 성장, 기회가 분산된 사회, 공존 가능한 경제시스템으로의 전환이 필요하다. 그 출발점은 포용을 제도와 구조에 녹여내는 '설계의 변화'다.

09
성장지표를 넘어선
삶의 질 지표

GDP의 그림자, 보이지 않는 삶의 지표들

국내총생산(GDP)은 한 나라의 경제활동을 측정하는 대표적 지표다. 수치로 표현되는 경제의 총량, 정부와 시장이 참고하는 핵심 지표로 기능해왔다. 하지만 GDP는 모든 것을 설명하지 못한다.

GDP는 환경 파괴도 성장으로 간주하고, 불평등을 감지하지 못하며, 돌봄·자원봉사·삶의 만족도와 같은 '비(非)시장 가치'를 반영하지 못한다. 이로 인해 수치상의 성장은 이어져도, 국민은 체감하지 못하는 '통계와 현실의 괴리'가 커지고 있다.

특히 저성장 시대에는 삶의 질을 개선하는 정책이 성장 자체보다 더 중요한 사회적 목적이 될 수 있으며, 오히려 삶의 질 향상이 새로운 성장동력을 낳기도 한다. 지금은 '얼마나 벌었는가'보다 '어떻게 살고 있는가'에 대한 정밀한 측정과 정책 대응이 필요한 시대다.

성장 중심 지표의 한계와 정책 왜곡

전통적인 경제지표에 의존한 정책은 다음과 같은 왜곡을 초래한다.

첫째, 경제 총량과 개인 삶의 불일치다. GDP는 평균값이지만, 국민 개개인의 소득 분포, 주거 안정성, 교육 기회, 건강 상태, 안전성 등은 상당히 이질적이며, 평균은 실체를 왜곡한다.

둘째, 비경제적 요인의 배제다. 정신 건강, 사회적 관계, 공공안전, 문화생활 등은 GDP 통계에 포함되지 않아 삶의 만족도를 반영하지 못하는 정책 결과를 초래한다.

셋째, 불평등·기후변화·사회갈등 등의 '음의 외부효과' 무시다. 특정 정책이 GDP 증가에 기여해도 환경을 파괴하거나 불평등을 심화시키는 경우, 장기적으로 지속가능성을 저해한다.

넷째, 지표가 곧 목표가 되는 착시 현상이다. 경제성장률, 고용률, 수출입 통계 등이 정책 목표 그 자체가 되면서, 시민의 삶의 질 개선이나 사회적 신뢰 회복이라는 근본적 목적이 소외된다.

다섯째, 정책 간 우선순위 왜곡이다. 성장률에 기여하지 않거나 정량화하기 어려운 정책(문화, 환경, 돌봄 등)은 예산 배분과 정책 관심에서 소외되고, 결과적으로 정책 포트폴리오의 불균형이 발생한다.

삶의 질 중심 지표체계로의 전환 전략

　삶의 질을 중심에 둔 정책 설계를 위해서는 측정 지표의 대전환과 정책과의 정합성 강화가 필요하다.

　첫째, 삶의 질 국가지표체계 구축 및 정례화다. OECD의 Better Life Index, UN의 인간개발지수(HDI), 뉴질랜드의 Well-being Budget 등을 참고해, 주거, 건강, 교육, 환경, 안전, 공동체, 주관적 행복도 등 10~15개 영역의 삶의 질 지표를 정립하고 주기적으로 발표해야 한다.

　둘째, 지표 기반의 예산·정책 평가체계 도입이다. GDP 외에도 삶의 질 지표가 각 부처의 주요 정책성과 측정 및 예산 배분 기준으로 반영되도록, 성과지표 연계 구조를 전면 개편해야 한다.

　셋째, 지역 단위 삶의 질 데이터 구축 및 활용이다. 광역·기초자치단체별로 삶의 질 수준을 정량·정성적으로 측정하고, 주민참여 기반의 정책 수립에 반영할 수 있도록 데이터 플랫폼을 고도화해야 한다.

　넷째, 국민 삶의 만족도 조사 정례화 및 반영이다. 정기적인 국민 패널조사, 정책 수혜자의 체감도 조사 등을 통해 정량지표와 정성지표를 결합하고, 정책 피드백 루프를 강화해야 한다.

　다섯째, 정치·행정 리더십의 인식 전환이다. 성장률을 넘어, 국민의 삶의 질을 높이는 정책이 곧 '성과'이며, '정책 브랜드'가 될 수 있도록 제도적 유인을 강화해야 한다.

진정한 성장은 수치가 아니라 사람의 삶에서 증명된다. 국가의 성공은 더 많은 GDP보다 더 나은 삶에 달려 있으며, 정치의 품격은 지표를 넘어선 국민의 체감에 있다. 지금 필요한 것은 '수치의 정치'가 아닌, 삶을 위한 정책, 사람 중심의 행정'으로의 이행이다.

10 대한민국 성장 대전환 로드맵

변화는 필연, 전환은 선택의 문제다

한국 경제는 다시 중대한 전환점에 서 있다. 인구 구조의 변화, 기술혁명의 충격, 기후위기의 도래, 글로벌 공급망의 재편, 국제 질서의 불확실성 등 우리가 직면한 위기는 과거와 질적으로 다르다.

과거처럼 수출과 제조, 정부 주도 투자만으로 성장률을 끌어올리는 방식은 더 이상 유효하지 않다. 저성장, 양극화, 신뢰 위기, 혁신 정체라는 구조적 병목을 해결하지 않고서는 지속 가능한 성장은 불가능하다.

지금 필요한 것은 땜질식 정책이 아닌 국가 성장 전략의 대전환, 곧 패러다임을 바꾸는 일이다. 이것은 방향의 문제이며, 선택의 문제다. 대한민국은 어떤 성장의 길을 선택할 것인가. '속도'에서 '지속가능성'으로, '총량'에서 '질'로, '정부 중심'에서 '민간 주도'로, '배제'에서 '포용'으로의 전환이 핵심 방향이다.

대전환의 5대 핵심축: 구조에서 문화까지

전환은 총체적이어야 한다. 기술 몇 가지 바꾸고, 제도 몇 개 고치는 수준으로는 이중·삼중의 병목을 뚫어낼 수 없다. 다음은 대전환을 위한 다섯 가지 핵심축이다.

첫째, 성장구조의 전환이다. 산업 중심에서 사람 중심으로, 수출 중심에서 내수·서비스와의 균형 구조로, 제조업의 고도화와 플랫폼·콘텐츠 산업의 성장 전략을 병행해야 한다.

둘째, 정책 시스템의 전환이다. 정책설계는 일방향이 아닌 상호작용 중심으로, 행정은 부처 칸막이를 넘어선 유기적 협업체계로, 예산은 '지출의 효율성'에서 '투자의 사회적 효과성' 중심으로 바뀌어야 한다.

셋째, 사회문화적 기반의 전환이다. 경쟁과 속도 중심 사회에서 신뢰와 협력 기반 사회로, 단기성과보다 공동체적 지속가능성을 중시하는 문화로의 전환이 필요하다.

넷째, 교육·노동·복지 시스템의 재정렬이다. 교육은 창의력과 문제해결력 중심으로, 노동은 유연성과 안정성을 함께 고려한 구조로, 복지는 기회의 기반과 사회적 안전망을 동시에 제공하는 체계로 재편해야 한다.

다섯째, 지표와 목표의 전환이다. GDP 중심 지표에서 삶의 질, 공정성, 지속가능성, 사회 신뢰 등 다차원적 성과지표를 중심에 두고 정책과 행정의 방향을 조정해야 한다.

로드맵: 실행 중심의 시스템으로

패러다임 전환은 구호로 끝나서는 안 된다. 전환은 설계와 동시에 실행의 로드맵을 갖춰야 한다. 다음은 국가 차원의 실행 전략 제안이다.

첫째, 중장기 국가전략 수립과 리더십 확보다. 국무총리 직속의 '성장전환전략위원회'를 설치하고, 학계·산업계·시민사회가 참여하는 민관 공동 중장기 전략 설계 기구를 정례화해야 한다.

둘째, 부처 간 공동 목표 기반 정책 시스템 운영이다. 기존의 칸막이식 정책 수립에서 벗어나, 전 부처가 협업할 수 있도록 '국가 핵심 아젠다 중심 공동 KPI 체계'를 구축하고, 성과에 따라 예산을 탄력적으로 배분하는 체계를 마련해야 한다.

셋째, 정책 피드백 및 모니터링 시스템 고도화다. 정책의 실효성과 체감도를 실시간으로 측정하고, 성과가 미흡한 정책은 조정하거나 폐기하는 정책 민첩성 체계를 갖추어야 한다. 데이터 기반 정책판단을 강화해야 한다.

넷째, 시민참여 기반 사회적 합의 시스템 정착이다. 공론화 제도, 시민참여 예산제, 정책 온라인 투표 시스템 등 다양한 시민참여 도구를 통해 정책 설계-집행-평가의 전 과정에서 사회적 합의를 확보해야 한다.

다섯째, 국가성과평가체계의 재설계다. 국가 리더십은 총량 지표가 아니라 사회적 성과와 지속가능성, 삶의 질 개선 여부로 평가되도록 성과지표 체계를 전환하고, 리더십의 책무성과 정당성을 강화해야 한다.

대한민국은 다시 성장할 수 있다. 그러나 그 성장은 과거 방식의 반복이 아닌, 새로운 성장 패러다임의 설계와 실행을 통해서만 가능하다. 전환의 기회는 오래 기다려주지 않는다. 지금 우리가 내리는 결정이 다음 세대의 운명을 결정할 것이다.

맺는말

덫을 넘어, **전환의 문턱을 넘어서**

성장의 경고등, 어디서부터 잘못되었나

한국 경제는 지금 하나의 문턱 앞에 서 있다. 과거 우리가 신봉하던 성장의 공식은 그 효력을 다했고, 더 이상 총량과 속도로 미래를 설명할 수 없는 시대로 접어들었다. 수출이 정체되고, 투자와 고용의 선순환이 깨졌으며, 고령화와 청년실업이 동시에 심화되는 구조 속에서 경제는 더디게 움직이고 있다. 하지만 그보다 더 근본적인 문제는 따로 있다. 성장률은 여전히 의미 있는 수치를 유지하고 있으나, 사람들은 삶이 더 팍팍해졌다고 느끼며, 체감 경제는 냉각되고 있다는 점이다.

이 책이 주목한 것은 바로 그 괴리다. '성장은 멈추지 않았지만,

사람들은 멈췄다고 느낀다.' 그 간극은 어디서 비롯된 것일까? 수치상 성장을 맹신한 결과, 우리는 삶의 질, 포용성, 공정성, 지속가능성 같은 핵심 가치를 외면해왔다. GDP는 오르는데 신뢰는 무너지고, 고용률은 회복됐으나 양극화는 심화되며, 수출이 늘어도 중소기업과 자영업은 더 큰 위기에 빠진 현실이 이를 증명하고 있다.

이제는 물어야 한다. 우리는 왜 성장하는가? 그 성장은 누구를 위한 것인가? 단순히 더 많이, 더 빨리 성장하자는 구호는 이제 의미를 잃었다. 성장의 속도가 아니라 방향과 내용, 그리고 그것이 만들어내는 사회적 결과가 중요해진 시대. 우리는 단지 경제지표를 복구하는 것이 아니라, 성장의 본질을 재정의하고, 그 전략을 근본부터 다시 설계해야 할 시점에 와 있다.

구조적 저성장, 전환의 언어가 필요하다

『저성장의 덫, 한국 경제 리셋』은 그러한 문제의식에서 출발해, 우리가 직면한 구조적 저성장의 원인을 파헤치고, 그것을 넘어서기 위한 전략적 전환을 모색하고자 했다. 저성장은 단순한 경기의 흐름이 아니라, 시스템의 피로이자 전략의 한계다. 과거의 방식—정부 주도, 제조업 중심, 속도와 외형 중심의 성장 모델—은 더는 작동하지 않는다. 이대로는 더 나아갈 수 없다.

이 책은 그 병목을 풀기 위한 일곱 개의 방향을 제시했다. 기업의 혁신 역량 강화, 정부의 역할 전환, 노동과 인재 시스템의 재설계, 미래산업에 대한 투자 구조 전환, 정책의 실행성과 민관 협력의 정비, 사회적 자본의 회복, 삶의 질 중심의 성장지표 체계로의 이행까지. 각각은 독립적인 주제가 아니라, 한국 사회 전체의 체질을 전환하기 위한 통합적 전략의 일부다.

 이제는 경쟁보다 협력, 총량보다 분배, 속도보다 지속가능성, 정책의 수보다 실행력의 품질이 중요해졌다. 성장의 결과만이 아니라, 그 과정과 구성, 참여 주체의 다양성 또한 새롭게 조명되어야 한다. 성장은 정답이 아니다. 그것은 질문을 바꾸는 과정이자, 사회 전체의 가치 체계를 다시 정렬하는 행위다.

 그 전환은 결코 쉽지 않다. 정책의 보완만으로는 부족하고, 제도의 개편만으로도 불완전하다. 전환은 곧 전방위적 리더십, 사회적 신뢰, 정치적 책임, 시민적 참여가 유기적으로 결합되어야 가능하다. 정부는 방향을 제시하고 플랫폼을 설계해야 하며, 민간은 자율성과 혁신 역량으로 새로운 성장동력을 끌어내야 한다. 시민사회는 참여와 연대의 문화를 만들고, 정치권은 타협과 합의의 공간을 복원해야 한다.

덫을 넘어서는 선택, 지금 이 자리에서

이 책이 독자에게 던지고자 한 핵심 메시지는 간단하다. 성장은 여전히 가능하다. 다만, 그 방식이 달라져야 한다. 더 이상 우리는 과거의 유효했던 전략을 반복할 수 없고, 반복해서도 안 된다. 전환이 필요한 시대에는 낡은 도구로는 미래를 열 수 없다. 이 책은 성장을 거부하지 않는다. 오히려 새로운 성장, 즉 지속 가능하고 포용적이며 신뢰에 기반한 '두 번째 성장'을 함께 설계하자고 제안한다.

이를 위해 우리는 다음의 새로운 기준을 공유해야 한다.

첫째, 성장은 총량이 아니라 삶의 질의 향상이어야 한다.

둘째, 성장은 경쟁이 아니라 기회의 확장이어야 한다.

셋째, 성장은 단기 성과가 아니라 세대 간 책임의 결과이어야 한다.

넷째, 성장은 소수의 성공이 아니라 다수의 안정된 기반 위에서 이루어져야 한다.

이러한 기준 아래, 우리는 다시 새로운 사회적 합의를 이끌어내야 한다. 정치적 격차를 줄이고, 이해집단 간 조율을 이뤄내며, 국가 비전과 전략을 단기 이익의 희생양이 아니라 장기적 공공성의 관점에서 바라봐야 한다. 전환은 기술이나 자본의 문제가 아니다. 의지의 문제이며, 사회적 선택의 문제다.

『저성장의 덫, 한국 경제 리셋』은 단지 비판서가 아니다. 그것은 전환의 설계서이며, 대안을 위한 탐색의 지도다. 지금 우리가 서 있는 이 자리는 불확실하고 위태롭지만, 동시에 가장 큰 기회의 순간일 수 있다. 방향만 바꾼다면, 우리가 가진 자산과 역량은 결코 작지 않다. 중요한 것은 그 가능성을 어떻게 조직하고 설계하느냐에 있다.

 이제, 선택의 시간이 왔다. 덫을 인식했는가? 그렇다면 다음은 전환의 문턱을 넘는 일이다. 그 문을 여는 것은 국가도, 정부도, 시장도 아닌 우리 모두의 의지다.

참고문헌

I. 국내 정책연구 및 보고서

- 기획재정부. (2023). 2023~2025 중기재정전망. 세종: 대한민국 정부.
- 국회미래연구원. (2022). 대한민국 미래전략 2040: Megatrend & Strategic Response. 서울: 국회미래연구원.
- 산업연구원. (2021). 산업구조 변화와 기업 생산성 격차 해소 방안. 세종: 산업연구원.
- 정보통신정책연구원(KISDI). (2023). 디지털 전환 시대의 산업구조 변화와 정책 방향.
- 중소벤처기업연구원. (2023). 플랫폼 기업의 공정성 이슈와 제도 개선 방안.
- 통계청. (2023). 국민 삶의 질 지표 체계 연구보고서. 대전: 통계개발원.
- 통일연구원. (2022). 인구절벽과 통일경제전략.
- 한국개발연구원(KDI). (2021). 한국 경제의 저성장 구조 분석과 정책 과제. 세종: KDI.
- 한국노동연구원. (2022). 청년실업과 노동시장 이중구조에 대한 분석. 서울: 한국노동연구원.
- 한국문화관광연구원. (2023). 콘텐츠 산업의 미래 전략과 경제적 파급효과.
- 한국사회보장정보원. (2022). 복지지출과 경제성장의 관계에 대한 실증분석.

- 한국조세재정연구원. (2023). 지속가능한 재정운용을 위한 제도개편 과제. 세종: KIPF.
- 한국은행. (2022). 최근 한국경제의 성장률 둔화 배경과 대응 방향. 서울: 한국은행 경제분석국.

II. 국내 학자 저서 및 칼럼·논문

- 권기헌. (2022). "청년 고용과 이중구조의 구조적 재편", 『노동정책연구』.
- 권의종. (1999). 중소기업, 망해도 싸다. 서울: 청해미디어.
- 권의종. (2005). 나는 대한민국 중소기업 사장이다. 서울: 오성출판사.
- 권의종, (2017-2025) 권의종의 경제프리즘, 서울: 금융소비자뉴스
- 권의종. (2018). 대한민국 경제프리즘. 서울: 북랩.
- 권의종. (2020). 불쌍한 경제, 눈감은 정치. 서울: 북랩.
- 권의종. (2021). 코로나 경제실록. 서울: 북랩.
- 권의종. (2022). 경제, 고칠 거 진짜 많다: 북랩.
- 권의종 나병문 백승희 정기석. (2023). 한국 경제, 지금. 서울: 북랩.
- 권의종 박종철 이태용 권혁일. (2024). 한국 경제, 어디로. 서울: 북랩.
- 권의종 나병문 백승희 정기석. (2025). 한국 경제, 지금. 서울: 북랩.
- 권의종 유상정 이철우 김창현. (2025). 제발, 이런 정책 좀 펴라. 서울: 북랩.
- 권의종 박종철 이태용 권혁일. (2025). 한국 경제, 새판 짜기. 서울: 북랩.
- 권의종 채성만, (2025) 한국 정치, 새판 짜기, 서울: 든든books
- 권의종, (2025) 자영업을 살리자, 서울: 금융소비자뉴스
- 권의종, (2025) 권의종 박사의 리셋 K-경제, 서울: 서울이코노미뉴스
- 김상봉. (2022). "복지국가와 생산성: 포용적 성장의 한국형 경로 모색", 『경제와 사회』.
- 박종훈. (2018). 적정 성장. 서울: 김영사.

- 송원진. (2023). "디지털 경제의 제도설계: 플랫폼과 공정시장 질서", 『산업경제연구』.
- 이종태. (2015). 축적의 시간: 대한민국 산업화의 경험과 교훈. 서울: 사이언스북스.
- 장지연. (2021). "한국 경제 저성장의 정치적 기원", 『사회경제평론』, 제61호.
- 장하성. (2016). 왜 분노해야 하는가. 서울: 알키.
- 최정표. (2020). 한국경제의 진로. 서울: 지식산업사.

III. 국제기구 및 글로벌 정책 보고서

- European Commission. (2022). A European Green Deal: Climate and Economic Transition. Brussels: European Union.
- International Labour Organization (ILO). (2022). World Employment and Social Outlook: Trends 2022. Geneva: ILO.
- International Monetary Fund (IMF). (2023). World Economic Outlook: A Rocky Recovery. Washington, D.C.: IMF.
- OECD. (2021). Framework for Policy Action on Inclusive Growth. Paris: OECD Publishing.
- OECD. (2023). Going for Growth: Economic Policy Reforms 2023. Paris: OECD Publishing.
- UNDP. (2022). Human Development Report 2022: Uncertain Times, Unsettled Lives. New York: United Nations Development Programme.
- United Nations. (2023). Sustainable Development Goals Progress Report. New York: UN.
- UNCTAD. (2022). Technology and Innovation Report 2022: Opening Green Windows. Geneva: UNCTAD.
- World Bank. (2022). World Development Report: Finance for an Equitable Recovery. Washington, D.C.: World Bank.

- World Economic Forum (WEF). (2022). Global Competitiveness Report 2022. Geneva: WEF.

IV. 해외 석학 및 학술서

- Acemoglu, D., & Robinson, J. A. (2012). Why Nations Fail: The Origins of Power, Prosperity, and Poverty. New York: Crown Publishing.

- Mazzucato, M. (2018). The Value of Everything: Making and Taking in the Global Economy. London: Penguin.

- Milanovic, B. (2016). Global Inequality: A New Approach for the Age of Globalization. Cambridge, MA: Harvard University Press.

- Piketty, T. (2014). Capital in the Twenty-First Century. Cambridge, MA: Belknap Press.

- Raworth, K. (2017). Doughnut Economics: Seven Ways to Think Like a 21st-Century Economist. London: Random House.

- Reeves, R. (2022). Of Boys and Men: Why the Modern Male Is Struggling, Why It Matters, and What to Do about It. Washington, D.C.: Brookings Institution Press.

- Rodrik, D. (2011). The Globalization Paradox: Democracy and the Future of the World Economy. New York: W.W. Norton & Company.

- Stiglitz, J. E. (2012). The Price of Inequality: How Today's Divided Society Endangers Our Future. New York: W.W. Norton & Company.